演讲与口才
实训教程

董乃群 ◎ 主　编
常志远 ◎ 副主编

清华大学出版社
北京

内 容 简 介

本书分为导入篇、操作篇、总结篇3大部分。在导入篇重点安排了实训动员和组建团队两章6个模块的内容,为开展操作训练和总结汇报做好准备。在操作篇主要通过演讲与口才基础训练、演讲稿的设计训练、命题演讲训练、即兴演讲训练、朗诵训练、辩论口才训练、求职面试口才训练、推销与谈判口才训练共8章19个模块介绍了相应的知识要点,并根据知识要点为学生设计了训练题目、案例分析,整体结构清晰明确,知识传授循序渐进,有助于学生按计划循序训练获得口才的提升。此外,学生也可以根据自己的实际情况,有重点地选择相应模块进行重点训练。在总结篇设置了实训成果分享、实训总结两章两个模块,综合检验学生对演讲技巧的掌握程度。

本书科学性、实用性兼备,可操作性强,可作为高等职业院校、成人高校及应用型本科学校各专业的素质教育课的实训教材。

本书封面贴有清华大学出版社防伪标签,无标签者不得销售。
版权所有,侵权必究。举报: 010-62782989,beiqinquan@tup.tsinghua.edu.cn。

图书在版编目(CIP)数据

演讲与口才实训教程/董乃群主编. —北京: 清华大学出版社,2021.8(2023.7重印)
ISBN 978-7-302-58051-5

Ⅰ. ①演⋯ Ⅱ. ①董⋯ Ⅲ. ①演讲—教材 ②口才学—教材 Ⅳ. ①H019

中国版本图书馆 CIP 数据核字(2021)第 079017 号

责任编辑: 孟毅新
封面设计: 傅瑞学
责任校对: 赵琳爽
责任印制: 朱雨萌

出版发行: 清华大学出版社
网　　址: http://www.tup.com.cn, http://www.wqbook.com
地　　址: 北京清华大学学研大厦 A 座　　邮　编: 100084
社 总 机: 010-83470000　　邮　购: 010-62786544
投稿与读者服务: 010-62776969, c-service@tup.tsinghua.edu.cn
质量反馈: 010-62772015, zhiliang@tup.tsinghua.edu.cn
印 装 者: 三河市少明印务有限公司
经　　销: 全国新华书店
开　　本: 185mm×260mm　　印　张: 9.25　　字　数: 210千字
版　　次: 2021年9月第1版　　印　次: 2023年7月第3次印刷
定　　价: 33.00元

产品编号: 092802-01

前言

你想在同学中脱颖而出,成为班干部和学生会领袖吗?

你想在演讲辩论中妙语连珠、舌灿莲花征服对方吗?

你想在面试时施展才华、过关斩将,抓住进入一流公司和争取高薪的机会吗?

你想在恋人面前展现自我真情、人格魅力,获取芳心,赢得美好的爱情吗?

你想在领导面前条理清晰、表达自如、淋漓尽致地表现自己吗?

你想在会议上从容不迫、侃侃而谈,获得晋升的机会吗?

你想成为一个幽默风趣、富有领导能力、人际关系良好的优秀人才吗?

你想迅速获得别人信任,在竞岗竞聘、晋升、创业、做人做事中获得快速提升吗?

"良言一句三冬暖,恶语伤人六月寒。"会说话、说好话是一辈子的修行。人的一生就是各种关系的集结,而关系的处理需要语言作为桥梁,多少关系毁在不会说话上面。无论时代如何变化,语言的魅力一直在那里,从来没有减少一点点。

演讲与口才是一门技能,它同开车、游泳一样,仅仅学习一些理论知识是远远不够的,甚至可能会进入误区。因为学习只能改变人的思维模式,训练才能改变人的行为模式。要想提升演讲口才,只有通过培训演练,方能"治标""治本"。讲话的潜力完全可以被挖掘出来。

近年来,高校毕业生的就业形势越来越严峻,一方面来自客观原因,还有很大的方面来自高校学生培养的主观原因,学生动手能力差,解决实际问题的能力不足,素质下降。鉴于此,不少高职高专及应用型大学进行教学改革,演讲与口才实训课程已成为大学生的必修课程,为了适应新的教学方式,我们特编写了本书。

本书由沈阳工学院董乃群担任主编,提出本书的编写思路和框架结构,负责全书统稿工作。编写分工如下:董乃群编写第1、2、3、4、10、11、12章;常志远编写第5~9章。

本书在编写过程中参考了大量相关资料,在此对所有参考文献作者表示诚挚的谢意。由于编者水平有限,书中难免有不足之处,恳请各位专家、学者不吝赐教,使本书日臻完善,从而提供更优质的教学资源。

编 者

2021 年 8 月

目 录

导 入 篇

第1章 实训动员 ·· 3
 模块1 演讲与口才实训任务安排 ······················· 3
 模块2 演讲与口才训练计划与日程安排 ············· 10
 模块3 演讲评价标准与成绩评定方式 ················ 13

第2章 组建团队 ·· 15
 模块1 团队建立 ··· 15
 模块2 团队内部沟通 ······································· 15
 模块3 团队文化展示 ······································· 16

操 作 篇

第3章 演讲与口才基础训练 ··································· 19
 模块1 心理素质训练 ······································· 19
  实训任务1 克服自卑心理训练 ······················· 19
  实训任务2 克服怯场心理训练 ······················· 21
  实训任务3 克服自大心理训练 ······················· 22
  实训任务4 克服忌妒心理训练 ······················· 23
 模块2 语音训练 ··· 25
  实训任务1 发声训练 ···································· 25
  实训任务2 朗读技巧训练 ······························ 28
 模块3 体态语训练 ·· 34
  实训任务1 眼神训练 ···································· 34
  实训任务2 表情训练 ···································· 35
  实训任务3 手势训练 ···································· 36
  实训任务4 嘴形训练 ···································· 38
  实训任务5 头部动作训练 ······························ 38

实训任务6　站姿、坐姿、行姿 ………………………………………………… 39

第4章　演讲稿的设计训练 …………………………………………………… 41

模块1　演讲稿的准备 ………………………………………………………… 41

实训任务1　了解听众 …………………………………………………………… 41

实训任务2　选择话题 …………………………………………………………… 43

实训任务3　收集资料 …………………………………………………………… 45

实训任务4　确定演讲目的 ……………………………………………………… 46

实训任务5　熟悉会场 …………………………………………………………… 48

模块2　演讲稿的搭建架构 …………………………………………………… 49

实训任务1　确定主题与搭建架构 ……………………………………………… 49

实训任务2　演讲开头设计 ……………………………………………………… 53

实训任务3　演讲结尾设计 ……………………………………………………… 55

第5章　命题演讲训练 ………………………………………………………… 57

模块1　命题演讲的程序 ……………………………………………………… 57

模块2　命题演讲的技巧 ……………………………………………………… 59

实训任务1　命题演讲的类型 …………………………………………………… 59

实训任务2　命题演讲的技巧训练 ……………………………………………… 63

第6章　即兴演讲训练 ………………………………………………………… 69

模块1　即兴演讲主题确定 …………………………………………………… 69

实训任务1　临场触发式主题提炼训练 ………………………………………… 69

实训任务2　胚芽孕育式主题提炼训练 ………………………………………… 70

实训任务3　问题凝练式主题提炼训练 ………………………………………… 72

实训任务4　角度更新式主题提炼训练 ………………………………………… 73

模块2　即兴演讲取材 ………………………………………………………… 73

实训任务1　摘取法取材训练 …………………………………………………… 74

实训任务2　观察法取材训练 …………………………………………………… 75

模块3　即兴演讲表达技巧 …………………………………………………… 76

实训任务1　散点连缀训练 ……………………………………………………… 76

实训任务2　扩句成篇训练 ……………………………………………………… 77

第7章　朗诵训练 ……………………………………………………………… 79

模块1　诗歌朗诵训练 ………………………………………………………… 79

实训任务1　基本技巧训练 ……………………………………………………… 79

实训任务2　朗诵要点训练 ……………………………………………………… 83

模块2　散文朗诵训练 ………………………………………………………… 85

第 8 章　辩论口才训练 ... 90

模块 1　辩论的准备 ... 90
　　实训任务 1　辩论的基本要求 ... 90
　　实训任务 2　辩论的类型 ... 92
模块 2　辩论技巧 ... 96
　　实训任务 1　辩论的基本方法 ... 96
　　实训任务 2　论证方法 ... 98
　　实训任务 3　进攻技巧 ... 100
　　实训任务 4　防守技巧 ... 102

第 9 章　求职面试口才训练 ... 107

模块 1　求职面试口才准备训练 ... 107
　　实训任务 1　心理准备训练 ... 107
　　实训任务 2　资料准备训练 ... 109
模块 2　求职面试口才表达礼仪训练 ... 110
模块 3　求职面试口才技巧训练 ... 112
　　实训任务 1　基本要领训练 ... 112
　　实训任务 2　常见题型训练 ... 115

第 10 章　推销与谈判口才训练 ... 117

模块 1　推销口才技巧训练 ... 117
　　实训任务 1　推销口才训练的基本原则 ... 117
　　实训任务 2　推销口才中陈述技巧训练 ... 119
　　实训任务 3　推销口才中提问技巧训练 ... 121
　　实训任务 4　推销口才异议处理技巧训练 ... 123
模块 2　谈判口才技巧训练 ... 125
　　实训任务 1　谈判中倾听技巧训练 ... 126
　　实训任务 2　谈判中提问技巧训练 ... 127
　　实训任务 3　谈判中应答技巧训练 ... 129

总　结　篇

第 11 章　实训成果分享 ... 135

模块 1　自拟题目演讲训练 ... 135
模块 2　演讲比赛及考核 ... 136

第 12 章　实训总结 ... 137

参考文献 ... 139

导入篇

卡耐基曾说过:"演讲是人人都有的一种潜在能力,问题在于每个人是否发现、发展和利用了这种天资。一个人能站起来当众讲话是迈向成功的关键性一步。"丘吉尔也曾说过:"一个人可以面对多少人,就代表这个人的人生成就有多大!"无论是政界领袖毛泽东、列宁、克林顿,还是商界领袖杰克·韦尔奇、比尔·盖茨……古今中外深具影响力的成功人士都是善于公众表达沟通的大师!

当今社会,经济迅猛发展,竞争日益激烈,人际交往频繁,信息传播快速,当代大学生的就业压力也迅速增加。如何在日趋激烈的竞争环境下增加自己成功的资本呢?那就要不断增加自己的综合素质。而20世纪90年代初,美国斯坦福大学商学教授哈雷尔博士曾对一批毕业10年的企业管理硕士进行研究,发现学习成绩的好坏与成就无关,说话能力非凡几乎是"成功人士"的共同特质,可以说人生的成败往往取决于口才的好坏。

亲爱的同学们,如果你还在为不敢在公众面前说话而彷徨,或者为虽有勇气却说得离题万里、枯燥乏味而难过。那么,不用担心,只要跟随这个课程,认真地走完一圈,你就会发现自己已经能轻松开口、自在沟通了。

下面来测一测你的语言表达能力。

表达能力是一种将自己的感觉正确地传递给他人的能力,传递的途径有很多种。你可以通过表情或者形体语言向别人暗示你的心思,当然,最重要的表达方式还是你的语言。

因此,在这个测试中所包含的表达能力的大部分都是语言能力。假如你没有语言表达的能力,那么你就很难与别人交际,无法告诉别人你所想的和你所愿的,这里提到的语言能力不仅是指你能够正常地表达自己的意思,而且你还要通过正确的方式,恰当地把自己的意思告诉别人,并获得别人的理解。

下面是语言表达能力测试题。

(1) 我在表达自己的情感时,很难选择准确、恰当的词汇。
(2) 别人难以准确地理解我的口语和非口语所要表达的意思。
(3) 我不善于与和我观念不同的人交流感情。
(4) 我对连续不断的交谈感到困难。
(5) 我无法自如地用口语表达我的情感。
(6) 我时常避免表达自己的感受。
(7) 在给一位不太熟悉的人打电话时我会感到紧张。
(8) 向别人打听事情对我而言是件困难的事。

(9) 我不习惯和别人聊天。

(10) 我觉得同陌生人说话有些困难。

(11) 同老师或是上司谈话时,我感到紧张。

(12) 我在演说时思维变得混乱和不连贯。

(13) 我无法很好地识别别人的情感。

(14) 我不喜欢在大庭广众之下讲话。

(15) 我的文字表达能力远比口头表达能力强。

(16) 我无法在一位内向的朋友面前轻松自如地谈论自己的情况。

(17) 我不善于说服人,尽管有时觉得自己很有道理。

(18) 我不能自如地用非口语(眼神、手势、表情等)表达感情。

(19) 我不善于赞美别人,感到很难把话说得自然亲切。

(20) 在与一位迷人的异性交谈时我会感到紧张。

语言表达能力测试结果如下。

每题均有两个测试结果:"是""否"。答一个"是"得1分。得分在14分以上语言表达能力较弱;9~14(含)分表示一般;5~8(含)分表示较好;5分以下表示语言表达能力非常好。

得分:_____

第1章 实训动员

第2章 组建团队

第1章 实训动员

✦ 本章实训安排

模块1　演讲与口才实训任务安排　　　　　　0.5学时
模块2　演讲与口才训练计划与日程安排　　　1学时
模块3　演讲评价标准与成绩评定方式　　　　0.5学时
总学时：　　　　　　　　　　　　　　　　2学时

模块1　演讲与口才实训任务安排

有人说,21世纪的三大武器是核武器、计算机和舌头,可见口才的重要性。但即使我们才高八斗、技能高超,如果连话都说不清楚,和别人沟通起来总是让人别扭,不讨人喜欢,那么,我们对社会的贡献将可能是有限的。因为我们缺乏传播知识的能力,没有口才就不会有说服力;没有说服力就不会有影响力;没有影响力就不会有领导力;没有领导力就只能单枪匹马、独自奋斗。但现在,个人打天下的时代已经过去。放眼望去,身边那么多成功的企业家和社会精英哪一个不是演讲的高手、沟通的奇才。如果我们能自在沟通,轻松讲话,何愁不能在社会中立足?

训练目标

(1) 能够掌握演讲的程序与规范。
(2) 能够有效克服恐惧、自卑心理。
(3) 能够具备良好的精神面貌,仪态得体。
(4) 能够准确地表述概念,思路清晰、重点突出、层次分明、语言精练。
(5) 能够充分有效地利用时间,信息量集中。
(6) 能够合理、有效地利用演讲手段调动听众的积极性。
(7) 能够合理设计演讲内容。
(8) 具有互相帮助、互相学习的团队精神。
(9) 具有针对特定场合随机应变的语言能力。
(10) 具有求职面试的语言能力。
(11) 具有一定的朗诵能力。

（12）具有一定的辩论口才。

 实训任务安排

实训任务安排见表1-1。

表1-1 实训任务安排

实训内容		模块设计	参考学时安排
导入篇	第1章 实训动员	模块1 演讲与口才实训任务安排	2学时
		模块2 演讲与口才训练计划与日程安排	
		模块3 演讲评价标准与成绩评定方式	
	第2章 组建团队	模块1 团队建立	2学时
		模块2 团队内部沟通	
		模块3 团队文化展示	
操作篇	第3章 演讲与口才基础训练	模块1 心理素质训练	6学时
		模块2 语音训练	
		模块3 体态语训练	
	第4章 演讲稿的设计训练	模块1 演讲稿的准备	4学时
		模块2 演讲稿的搭建架构	
	第5章 命题演讲训练	模块1 命题演讲的程序	2学时
		模块2 命题演讲的技巧	
	第6章 即兴演讲训练	模块1 即兴演讲主题确定	3学时
		模块2 即兴演讲取材	
		模块3 即兴演讲表达技巧	
	第7章 朗诵训练	模块1 诗歌朗诵训练	3学时
		模块2 散文朗诵训练	
	第8章 辩论口才训练	模块1 辩论的准备	4学时
		模块2 辩论技巧	
	第9章 求职面试口才训练	模块1 求职面试口才准备训练	4学时
		模块2 求职面试口才表达礼仪训练	
		模块3 求职面试口才技巧训练	
	第10章 推销与谈判口才训练	模块1 推销口才技巧训练	5学时
		模块2 谈判口才技巧训练	

续表

实 训 内 容		模 块 设 计	参考学时安排
总结篇	第 11 章　实训成果分享	模块 1　自拟题目演讲训练	4 学时
		模块 2　演讲比赛及考核	
	第 12 章　实训总结	实训总结	课外
总学时		40 学时	

说明：可根据学校具体情况安排学时，以一周实训课为例建议开设 25 学时（训练内容可安排在课后完成）；如果是一学期的理论加实践课，每章可增加 1 学时的课上训练，即可安排 48 学时。

教材的使用

本书分为导入篇、操作篇、总结篇三大部分，共 12 章 27 个模块和实训总结。每个模块有若干实训任务，每个任务分为训练目标、训练内容、训练设计、案例分析 4 块内容，教师可按学时不同灵活掌握每个模块的学时分配，也可根据不同专业学生实际情况酌情选择重点模块进行训练。

教学方法

本课程采用混合式教学方法，灵活运用多种恰当的教学方法，有效调动学生的积极性，使其积极地参与学习，促进学生积极行动。具体方法如下。

（1）阶梯训练法。把训练项目按照从易到难、从简单到复杂的顺序进行训练。

（2）情境教学法(包括情景训练、情景分析、情景模拟)。既可设置场景让学生先练，再针对存在的问题进行讨论，归纳技巧；也可充分运用现代化教学手段，提供演讲光盘资料，让学生模拟学习。

（3）范文评析法。选择优秀演讲稿范文，让学生在评析中掌握演讲稿写作技巧。

（4）练习法。命题演讲、即兴演讲、朗诵这几个模块都以学生练习为主，教师点评、纠错、鼓励为辅。

实训要求

（1）本书使用完毕要存档归案，请学生务必精心使用、认真填写、妥善保管。学生上课时须携带和使用本书。

（2）实训前要明确实习目的、实训的基本内容，结合专业制订实训计划，以确保实训效果。

（3）虚心接受指导教师的指导和安排，遵守实训纪律及各项规章制度。

（4）严格按照实训具体内容范围全面收集相关资料，并进行整理分析。

（5）所有学生必须严格按照规定时间进行活动，否则按情节降低或取消实训成绩；针对小组活动，指导教师将采取多种方式进行抽查。

训练方法

演讲训练以学生自我训练和教师指导两者相结合的方式进行。指导教师先对学生进行演讲基础内容的训练,使学生掌握成功演讲的一些基本素质。然后学生分小组进行各类实用口才的专门训练,教师进行方法指导、过程监督,最终由教师进行结果考评。

1. 训练方式

从人员集中还是分散的角度来看,主要有以下两种训练方式。

1) 集中训练

全班同学集中,由指导教师制订训练内容,一般为语音训练、仪态训练、命题演讲训练、即兴演讲训练、朗诵、辩论训练等。学生按照指导教师制订的训练内容进行训练,指导教师进行方法指导,训练后进行评价。

2) 分散训练

全班同学分成若干个小组,由小组长负责,自寻场地,进行演讲训练。在训练过程中小组成员互相帮助,共同提高,改进自己不足的地方,学习他人的长处。在此过程中培养学生的团队意识、严谨的态度和精益求精的精神。或者由教师与学生一对一进行特别训练,针对学生的具体情况进行训练。

2. 具体做法

从训练的具体做法来看,主要有以下几种方法。

1) 速读法

这里的"读"指的是朗读,是用嘴去读,而不是用眼去看,顾名思义,"速读"也就是快速地朗读。

这种训练方法的目的在于锻炼人口齿伶俐、语音准确、吐字清晰。

方法:找一篇演讲词或一篇文辞优美的散文,先拿来字典、词典把文章中不认识或弄不懂的字、词查出来,搞清楚,弄明白,然后开始朗读。一般开始朗读的时候速度较慢,逐次加快,一次比一次读得快,最后达到你所能达到的最快速度。

要求:读的过程中不要有停顿,发音要准确,吐字要清晰,要尽量达到发声完整。因为如果你不把每个字音都完整地发出来,那么,如果速度加快以后,就会让人听不清楚你在说些什么,快也就失去了意义。因此,快必须建立在吐字清楚、发音干净利落的基础上。我们都听过体育节目的解说专家宋世雄的解说,他的解说就很有"快"的功夫。宋世雄解说的"快",是快而不乱,每个字、每个音都发得十分清楚、准确,没有含混不清的地方。我们希望达到的就是这种快,吐字清晰、发音准确,而不是为了快而快。

速读法的优点是不受时间、地点的约束,无论在何时、何地,只要手头有一篇文章就可以练习。而且还不受人员的限制,不需要别人的配合,一个人就可以独立完成。当然你也可以找一位同学听听你的速读练习,让他帮助挑你速读中出现的毛病。比如,哪个字发音不够准确,哪个地方吐字还不清晰等,这样就更有利于你有目的地进行纠正、学习。你还可以用录音机把你的速读录下来,然后自己听一听,从中找出不足,进行改进。如果有老师指导就更好了。

2) 背诵法

这里要求的背诵,并不仅仅要求你把某篇演讲词、散文背下来就算完成了任务,一是要求"背",二还要求"诵"。这种训练的目的有两个:一是培养记忆能力;二是培养口头表达能力。

记忆是练口才必不可少的一种素质。没有好的记忆力，要想培养出口才是很困难的。只有大脑中积累了充分的知识，你才可能张口即出，滔滔不绝。如果你大脑中一片空白，即使你再伶牙俐齿，也无济于事。记忆与口才一样，它并不是一种天赋的才能，后天的锻炼对它同样起着至关重要的作用，"背"正是对这种能力的培养。

"诵"是对表达能力的一种训练。这里的"诵"也就是我们常说的"朗诵"。它要求在准确把握文章内容的基础上进行声情并茂的表达。

背诵法不同于速读法。速读法的着眼点在"快"上，而背诵法的着眼点在"准"上。也就是你背的演讲词或文章一定要准确，不能有遗漏或错误的地方，而且在吐字、发音上也一定要准确无误。

方法：

第一步，先选一篇自己喜欢的演讲词、散文、诗歌。

第二步，对选定的材料进行分析、理解，体会作者的思想感情。这是要花点工夫的，需要我们逐句逐段地进行分析，推敲每一个词句，从中感受作者的思想感情，并激发自己的感情。

第三步，对所选的演讲词、散文、诗歌等进行一些艺术处理，比如找出重音、划分停顿等，这些都有利于准确地表达内容。

第四步，在以上几步工作的基础上进行背诵。在背诵的过程中，也可分步进行。首先，进行"背"的训练，也就是先将文章背下来。在这个阶段不要求声情并茂。只要能达到熟练记忆就行。并在背的过程中，自己进一步领会作品的格调、节奏，为准确把握作品打下更坚实的基础。其次，是在背熟文章的基础上进行大声朗诵。将你背熟的演讲词、散文、诗歌等大声地背诵出来，并随时注意发声的正确与否，而且要带有一定的感情。

第五步，用饱满的情感，准确的语言、语调进行背诵。

要求：准确无误地记忆文章，准确地表达作品的思想感情。

3）练声法

练声也就是练声音、练嗓子。在生活中，我们都喜欢听那些饱满圆润、悦耳动听的声音，而不愿听干瘪无力、沙哑干涩的声音。所以锻炼出一副好嗓子，练就一腔悦耳动听的声音，也是我们必做的工作。

方法：

第一步，练气。俗话说练声先练气，气息是人体发声的动力，就像汽车上的发动机一样，它是发声的基础。气息的大小对发声有着直接的关系。气不足，声音无力，用力过猛，又有损声带。所以我们练声，首先要学会用气。

（1）吸气。吸气要深，小腹收缩，整个胸部要撑开，尽量把更多的气吸进去。你可以体会一下闻到一股香味时的吸气法。注意吸气时不要耸肩。

（2）呼气。呼气时要慢慢地进行。要让气慢慢地呼出。因为在演讲、朗诵、辩论时，有时需要较长的气息，那么只有呼气慢而长，才能达到这个目的。呼气时可以把两齿基本合上。留一条小缝让气息慢慢地通过。

你可以每天到室外、公园去练习吸气与呼气的基本方法，做深呼吸，天长日久定会见效。

第二步，练声。我们知道，人类语言的声源是在声带上，也就是说声音是通过气流振动声带而发出来的。

在练发声以前先要做一些准备工作。先放松声带，用一些轻缓的气流振动它，让声带有点准备，发一些轻慢的声音，千万不要张口就大喊大叫，那只能对声带起破坏作用。这就像我们在做激烈运动之前，要做些准备动作一样，否则就容易使肌肉拉伤。

声带活动开了，还要在口腔上做一些准备活动。我们知道，口腔是人的一个重要的共鸣器，声音的洪亮、圆润与否与口腔有着直接的联系，所以不要小看口腔的作用。

口腔活动可以按以下方法进行。

(1) 进行张闭口的练习，活动嚼肌，也就是面皮。这样等到练声时嚼肌运动起来就轻松自如了。

(2) 挺软腭。这个方法可以用学鸭子叫"gāgā"声来体会。人体还有一个重要的共鸣器，就是鼻腔。有人在发音时，只会在喉咙上使劲，根本就没有用上胸腔、鼻腔这两个共鸣器，所以声音单薄，音色较差。练习用鼻腔的共鸣方法是学习牛叫。但我们一定要注意，在平日说话时，如果只用鼻腔共鸣，那么也可能造成鼻音太重。我们还要注意，练声时，千万不要在早晨刚睡醒时就到室外去练习，那样会使声带受到损害。特别是室外与室内温差较大时，更不要张口就喊，那样，冷空气进入口腔后，会刺激声带。

(3) 练习吐字。吐字似乎离发声远了些，其实二者是息息相关的。只有发音准确无误、清晰、圆润，吐字才能"字正腔圆"。

要求：吐字发声时一定要咬住字头。"咬字千斤重，听者自动容"说的就是这个意思。所以我们在发音时，一定要紧紧咬住字头，这时嘴唇一定要有力，把发音的力量放在字头上，利用字头带响字腹与字尾。字腹的发音一定要饱满、充实，口形要正确。发出的声音应该是立着的，而不是横着的；应该是圆的，而不是扁的。但是，如果处理得不好，就容易使发出的声音扁、塌、不圆润。字尾，主要是归音。归音一定要到家、要完整。也就是不要念"半截子"字，要把音发完整。当然字尾也要能收住，不能把音拖得过长。

4) 复述法

复述法简单地说，就是把别人的话重复地叙述一遍。这种训练方法的目的在于锻炼人的记忆力、反应力和语言的连贯性。

方法：选一段长短合适、有一定情节的文章。最好是小说或演讲词中叙述性强的一段，然后请朗诵较好的同学进行朗读，最好能用录音机把它录下来，最后听一遍复述一遍，反复多次地进行，直到能完全把这个作品复述出来。复述的时候，你可把第一次复述的内容录下来，然后对比原文，看你能复述下多少，重复进行，看多少遍自己才能把全部的内容复述下来。

要求：这种练习不仅仅是背诵，要注意锻炼语言的连贯性；还要面对众人复述，这样还可以锻炼你的胆量，克服紧张心理。

5) 模仿法

方法：

(1) 模仿专人。在生活中找一位口语表达能力强的人，请他讲几段最精彩的话，录下来，供你模仿。你也可以把你喜欢的、又适合你模仿的播音员、演员的声音录下来，然后进行模仿。

（2）专题模仿。几个好朋友在一起,请一个人先讲一段小故事、小幽默,然后大家轮流模仿,看谁模仿得最像。为了刺激积极性,也可以采用打分的形式,大家一起来评分,表扬模仿最成功的一位。这个方法简单易行,且有娱乐性。课上、课间、课后都可进行。只要有三四个人就能进行。需要注意的是,每个人讲的小故事、小幽默,一定要新鲜有趣,大家爱听爱学。而且在讲以前一定要进行一些准备,一定要讲准确、生动、形象,千万不要把一些错误的东西带去,否则模仿的人也会跟着错,害人害己。

（3）随时模仿。我们每天都听广播,看电视、电影,那么你就可以随时跟着播音员、演播员、演员进行模仿,注意其声音、语调,他的神态、动作,边听边模仿,边看边模仿,天长日久,你的口语能力就得到了提高。而且会增加你的词汇,增长你的文学知识。

要求：要尽量模仿得像,要从模仿对象的语气、语速、表情、动作等多方面进行模仿,并在模仿中有创造,力争在模仿中超过对方。

在进行这种练习时,一要注意选择适合自己的对象进行模仿。要选择那些对自己身心有好处的语言动作进行模仿,有些同学模仿力很强,可是在模仿时都不够严肃认真,专拣一些脏话进行模仿,久而久之,就形成了一种低级趣味,我们反对这种模仿方法。

模仿法是一种简单易学、娱乐性强、见效快的方法,尤其适合我们这个年龄的同学们练习,希望大家能勤学苦练,早日见效。

6）描述法

简单地说,描述法也就是把你看到的景、事、物、人用描述性的语言表达出来。描述法可以说是比以上的几种训练法更进了一步。这里没有现成的演讲词、散文、诗歌等做你的练习材料,而要求你自己去组织语言进行描述。所以描述法训练的主要目的就在于训练学生的语言组织能力和语言的条理性。

无论是演讲、说话、论辩都需要有较强的组织语言的能力,没有这种能力也就不可能有一张悬河之口,组织语言的能力是口语表达能力的一项基本功。因此,可以通过描述法来提高组织语言的能力。

方法：以一幅画或一个景物作为描述的对象。

第一步,对要描述的对象进行观察。比如,我们所要描述的对象是"秋天的小湖边",那么我们就要观察一下这个湖的周围都有些什么,有树？有假山？有凉亭？还有游人？并且树是什么样子？山是什么样子？凉亭在这湖光山色、树影的衬托下又是个什么样子？这秋天里的游人此时又该是一种什么心情呢？

第二步,描述。描述时一定要抓住景物的特点,要有顺序地进行描述。

要求：①用自己的眼睛去观察,用你的心去体验。只有有了这种观察,你的描述才有基础；②要抓住特点进行描述。语言要清楚、明白,要有一定的文采。千万不要描述成流水账,平平淡淡,要尽量使用生动、活泼的语言。还要讲顺序,不要东一句、西一句的,要让听众知道你描述的是什么景物。描述的时候允许有联想与想象。比如,你观察到秋天的湖边有一位白发苍苍的老爷爷,孤独地坐在斑驳陆离的树荫下,你可能会想到自己的爷爷,也可能想到这个老人的生活晚景,还可能想到"夕阳无限好,只是近黄昏"这个诗句……那么在描述的时候,你就可以把这一切都加进去,使你的描述更充实、更生动。

7) 角色扮演法

角色一词,是从戏剧、电影中借用来的,是指演员扮演的戏剧或电影中的人物。我们这里的角色与戏剧、电影中讲的角色有着相同的意义。

角色扮演法,就是要我们学演员那样去演戏,去扮演作品中出现的不同的人物,当然这个扮演主要是在语言上的扮演。

方法:①选一篇有情节、有人物的小说、戏剧为材料;②对选定的材料进行分析,特别要分析人物的语言特点;③根据作品中人物的多少,找同学分别扮演不同的人物角色;比比看,谁最能准确地扮演自己的角色;④也可一个人扮演多种角色,以此培养自己的语言适应力。

要求:这种训练的目的是培养人的语言的适应性、个性,以及适当的表情、动作。这种训练法要求"演"的成分很重,它有别于对朗诵的要求。它不仅要求声音洪亮、充满感情、停顿得当,还要求能绘声绘色、惟妙惟肖地把人物的性格表现出来,而且要配有一定的动作和表情。从这个角度看,这个训练是有一定难度的。但只要我们朝着这个方向努力,就一定会成功。

8) 讲故事法

常言说:"看花容易,绣花难!"听别人讲故事绘声绘色,很吸引人,可自己一讲起来,仿佛就不是那么回事了,干巴巴的,毫无吸引力。因此,讲故事也是一种才能,并不是人人都可以把故事讲好的。学习讲故事是练口才的一种好方法。

讲故事,可以训练人的多种能力。因为故事里面既有独白,又有人物对话,还有描述性的语言、叙述性的语言,所以讲故事可以训练人的多种口语能力。

另外,边练边讲,还要边注意设计自己的表情、动作。看看你讲故事时的表情、动作是不是与你讲的内容相一致。

模块2 演讲与口才训练计划与日程安排

演讲是一门技能,它同开车、游泳一样,仅仅通过学习一些理论知识是远远不够的,甚至可能会进入误区。因为学习只能改变人的思维模式,训练才能改变人的行为模式。要想提升演讲口才,只有通过培训演练,方能"治标"又"治本"。讲话的潜力完全可以被挖掘出来。

要想提升自己的演讲能力,一定要有计划地训练,持之以恒。"台上一分钟,台下十年功",演讲也是一样。

训练目标

掌握训练计划制订的方式,为自己量身制订一个训练计划并实施。

训练计划

1. 制订训练计划前的准备工作

在制订训练计划之前,你应该做好以下几项准备工作。

(1) 对自己的演讲能力进行评估。

(2) 观看有关示范录像或请这方面表现优秀的同学做出示范。

(3) 了解训练内容和训练标准以及评分细则。

(4) 确定目标,即你想让你的演讲达到什么水平,或者想象一下你成为优秀的演讲者的状态。

(5) 确定你能够进行训练的时间。

(6) 确定你准备采用的训练方法。

(7) 确定你是否采用一对一的训练方式还是采用集体训练方式,如果采用一对一的训练方式,谁能和你配合。

(8) 调整心态,将这次训练看作一次快乐的旅行,同时还要做好面临挑战的准备。

2. 计划前的自我评估

在制订训练计划前,要对演讲能力进行自我评估,找出存在的差距,才能确定计划如何制订与实施。

演讲能力自我评估表(见表1-2)中列举了演讲训练的基本内容,每项内容的最高得分是5分,最低得分是1分。你需要按照每项内容对自己进行评估,并在相应的分值栏内打"√"。

表1-2 演讲能力自我评估表

演讲训练内容	分 值				
	1分	2分	3分	4分	5分
当众讲话的自信心					
内容的设计能力					
条理性					
讲解准确度					
语言表达的清晰度					
普通话的标准程度					
对当众讲话时的礼仪标准的掌握情况					
仪态、仪表知识的掌握程度					
衣着服饰、头发等细节的规范性					
时间的控制					
整体效果的掌控					
总 计					

3. 制订训练计划的原则

制订计划要遵循"5W1H"的原则。即在制订计划时要写清楚以下几点。

When 即何时训练,训练的进度。

Why 即为什么训练,每次训练的目的是什么。

What 即练什么,每次训练的内容是什么。

Who(Whom)即谁帮助你去训练,以及你的听众是谁。

Where 即确定训练地点。

How 即怎样练,采用什么样的方式方法进行训练。

4. 训练计划表的格式

训练计划表的格式如表 1-3 所示。

表 1-3　演讲训练行动计划

学生姓名		班级学号		指导教师	
演讲水平现状分析					

训 练 计 划

时　间	训练阶段目标	训练内容	训练方式	拟用训练时长

实训任务安排

实训日程安排如表1-4所示。

表1-4 实训日程安排

时间	内容	地点	指导教师	备注
第( )周演讲与口才实训				

模块3 演讲评价标准与成绩评定方式

 演讲评价标准

演讲评价标准主要从演讲内容、演讲技巧、演讲效果、时间掌握及脱稿要求五部分对演讲选手进行评分。满分为100分。

1. 演讲内容（50%）

观点鲜明,主题深刻、集中,角度新颖、得当,材料典型、充分,事、情、理交融,逻辑严谨。

2. 演讲技巧（20%）

普通话标准,口齿清晰,语音纯正。

语言生动、形象,语气、语调、声音、节奏富于变化,轻重缓急,抑扬顿挫,切合演讲内容,能准确、恰当地表情达意,富有感情。

3. 演讲效果（10%）

演讲精彩有力,使人在美的享受中受到了深刻教育,具有强大的鼓舞性、激励性、说服力、感召力和召唤力。

注:包括仪表形象,即服饰大方、自然、得体,举止从容、端正,风度潇洒,精神饱满,态度亲切。

4. 脱稿（10%）

表现熟练程度。

5. 演讲时间（10%）

超时或少时扣分。

成绩评定方式

（1）本课程实行的考核方式是过程性评价和最终性评价相结合。

过程性评价以 3 次演讲训练（命题演讲、即兴演讲、朗诵）表现为依据，占课程总评成绩的 30%。命题演讲要求学生脱稿 3 分钟演讲；即兴演讲当场抽取话题，当场作 1~2 分钟的即兴演讲；朗诵以学生自备材料进行训练。

最终性评价以演讲汇报形式进行，占学期总评成绩的 60%。学生自拟题目，设计演讲稿，作一次 5 分钟的脱稿演讲。

（2）演讲与口才实训成绩分优秀、良好、中、合格 4 种，总体成绩符合正态分布。

演讲训练的考核成绩采用百分制，级别与分数对照情况见表 1-5。

表 1-5 演讲训练成绩级别与分数对照表

成绩	优秀	良好	中	合格
分数	90~100 分	80~89 分	70~79 分	60~69 分

（3）考核规则。

① 学生在参加考核前要准备 5 分钟的演讲内容，并要求有演讲稿。

② 进行考核前，报考学生需向指导教师提交演讲稿。

③ 参加考核时，学生必须将本人考试证提交评审团以证明其身份。

④ 学生在参加考核时，不允许"念稿"，也不允许手中拿稿边看边讲。如出现此种现象，该学生成绩做"不及格"处理。

第 2 章 组建团队

本章实训安排

模块1 团队建立　　　　　0.5 学时
模块2 团队内部沟通　　　0.5 学时
模块3 团队文化展示　　　1 学时
总学时：　　　　　　　2 学时

模块 1 团 队 建 立

训练目标

根据人数、男女比例为学生分组，建立新的团队。

训练内容

(1) 把学号卡分为男生、女生两份。
(2) 以班级 30 人为例，分为 5 组，每组 6 人（一般情况下每组 5~6 人）。
(3) 学生自荐或集体推荐 5 人，分别担任 5 个组的组长。
(4) 在学号卡中抽出组长的学号卡，各组长在余下的学号卡中，根据男女比例抽取组员的学号卡。
(5) 组长根据抽取的学号卡，向组员告知，演讲与口才团队组成。

团队档案

组长姓名：_____

组员姓名：_____

模块 2 团队内部沟通

训练目标

指导教师为各组布置任务，组员在团队中彼此沟通，相互了解，迅速建立起良好的人际关系,群策群力为本团队起一个别致的名称,为组员分配角色。

训练内容

(1) 群策群力为团队起一个组名(如无敌计算机组,组员分别为 CPU、键盘、显示器等,使团队成员建立起团队概念,彼此合作共赢)。

(2) 给每个团队 30 分钟的时间进行沟通,准备模块三的内容(团队文化展示)。

① 确定团队领导,团队投票的形式确定团队领导,得票多者当选。

② 讨论团队成员各自的角色和承担的责任。

③ 确定介绍顺序。例如,A 是 CPU,其最先介绍自己:我是 CPU,负责团队总体的决策与运营……然后按照组员的不同角色依次进行自我介绍。

训练记录

组名:_____

组口号:_____

个人在团队中的名称与作用:_____

_____

其他成员的名称与作用:_____

_____

模块 3　团队文化展示

训练目标

通过团队内部沟通,团队集体展示自己的团队名称、口号、成员名称与作用。

训练内容

(1) 以小组为单位到讲台上进行展示团队名称、口号,各自在团队中的名称与作用。

(2) 每个人限定介绍时间 1 分钟左右。

(3) 其他小组成员作为观众,观察台上同学的语言、体态。

(4) 介绍完毕,彼此鼓励,互相点评。

训练记录

个人表现优点:_____

个人表现不足:_____

训练收获:_____

操作篇

第 3 章 　演讲与口才基础训练

第 4 章 　演讲稿的设计训练

第 5 章 　命题演讲训练

第 6 章 　即兴演讲训练

第 7 章 　朗诵训练

第 8 章 　辩论口才训练

第 9 章 　求职面试口才训练

第 10 章 　推销与谈判口才训练

第 3 章 演讲与口才基础训练

✦ 本章实训安排

模块1　心理素质训练　　　　　　　　　　2学时
　　实训任务1　克服自卑心理训练
　　实训任务2　克服怯场心理训练
　　实训任务3　克服自大心理训练
　　实训任务4　克服忌妒心理训练
模块2　语音训练　　　　　　　　　　　　2学时
　　实训任务1　发声训练
　　实训任务2　朗读技巧训练
模块3　体态语训练　　　　　　　　　　　2学时
　　实训任务1　眼神训练
　　实训任务2　表情训练
　　实训任务3　手势训练
　　实训任务4　嘴形训练
　　实训任务5　头部动作训练
　　实训任务6　站姿、坐姿、行姿
总学时：　　　　　　　　　　　　　　6学时

模块1　心理素质训练

心理素质是指个体的心理过程和个性心理特征及其水平。心理素质是人的整体素质的重要组成部分，是人进一步发展和从事活动的心理条件和心理保证。演讲是个复杂的生理和心理过程，具备良好的心理素质是演讲获得成功的前提条件，所以心理素质的训练是十分重要的。

实训任务1　克服自卑心理训练

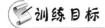
训练目标

(1) 掌握多种克服自卑心理的训练方法。

(2)对照自身情况,找出不足之处。

训练内容

1. 摆正心态

(1)要克服自卑感,最重要的是摆正心态。要正确认识自我,客观看待他人,保持一颗平常心,冷静对待评价。

(2)在与他人比较时,一方面要正确认识自我和他人,要看到人有所长也有所短,己有所短也有所长,不需要为自己的短处而自卑自怜,更不要拿自己的短处同别人的长处去比较;另一方面,要合理地选择比较对象,确立合理的评价参照系和立足点,不要以强者为标准,否则可能加重自己的自卑心理;另外,对于他人的评价和反馈要冷静客观地对待,不能不在意,也不能过于在意。

(3)合理的比较方式是多做纵向比较,少做横向比较。纵向比较就是拿自己的不同时期进行比较,更容易树立自信心。

2. 自我强化

在进行训练和强化时,要制订合理的计划,注意循序渐进、持之以恒,不可操之过急,更不能自暴自弃。可以先从简单的做起,将目标定得小一些,这样可以使自己比较容易地获得成功,从而在内心累积愉悦感,逐渐增强自信心。在取得一定的进步和成绩之后,适当提高难度,以挑战和提高自己的能力。

3. 自我暗示

在演讲之前进行自我暗示是一种积极有效的心理调节方式。这些自我暗示可以是在内心默默自语,也可以找一个无人的地方大声说出来,最好是对着镜子,凝视自己然后用微笑的表情、自信的口吻大声说几遍。

注:自我暗示的话语有很多,比如:"我一定行""我准备得很充分,肯定可以成功"。

案例分析

英国现代进步剧作家和批评家萧伯纳(1856—1950)同时也是一个自信而出色的演讲家。但萧伯纳在年轻的时候口才并不好,并且十分腼腆怕羞。他后来说道:"说起受单纯怯懦的折磨,恐怕谁也没有比我更甚的了,我常常难堪得无地自容。我学演讲就像学滑冰,办法就是不断让自己显得像个傻瓜,直到习惯了为止。"为了锻炼自己的胆量,萧伯纳加入了一个辩论组织,几乎每一次伦敦的辩论会他都参加,并且积极发言,不断积累经验,就这样他逐渐消除了恐慌。

我国著名演说家曲啸被世人评为"天生的好口才",但他却笑着说:"哪来的天才呀?不敢当。我小时性格内向,说话还口吃,越急越结巴,有时涨得脸通红也说不出话来……"为训练心理素质,他常常早晨迎着寒风跑到沙滩高声背诵高尔基的散文诗《海燕》。他也不放过一切"说"的机会,积极参加辩论会、演讲比赛、朗诵会、话剧演出,终于在一次"奥斯特洛夫斯基诞辰纪念会"上,他拿着一份简单的提纲,一口气竟做了两个小时的精彩演讲,那时,他还是一名高中生。

问题:结合案例谈谈如何克服自卑心理。

分析：_____
_____
_____

训练设计

（1）走路时练习抬头挺胸。
（2）每天放声大笑10次，培养乐观情绪，放松心情。
（3）暗示训练：每天清晨默念10遍"我一定要最大胆地发言，我一定要最大声地说话，我一定要最流畅地演讲。我一定行！今天一定是幸福快乐的一天！"

实训任务2　克服怯场心理训练

怯场，就是当众发言、表演时因紧张、害怕而神态举止不自然。演讲时，当一个人孤单地站在讲台或舞台上，面对广大观众，自然会产生一种心虚、胆怯的心理。这是一种正常的心理反应，并不是个别人才有的特例。

训练目标

（1）用正确的态度看待怯场。
（2）掌握克服怯场心理的方法。

训练内容

1. 充分准备

缺乏准备或者准备不充分，极容易由心虚而引起怯场感。一个人要想在台上或者与人交谈时充满自信、滔滔不绝，一方面要注重平时的知识积累，另一方面应在正式演讲前做好充分的准备工作。

2. 反复试讲演练

试讲演练可以分为两种：一种是无目的的演练；另一种是有目的的演练。前者是一种积累，演讲者平时要多留意名家的演讲，不断模仿，对着镜子练习，纠正自己的语音，锻炼遣词造句能力，改掉多余的小动作，训练规范的体态语。后者往往是为了参加正式的演讲，演讲者可事先在同学、亲友面前试讲，反复训练，不断完善。

3. 深呼吸排解压力

深呼吸30秒，吸气—控制气流—再缓缓呼气，可助人缓解紧张、焦虑、烦闷等情绪。演讲者可在无人处放松身体，目视远方或闭上双眼，像闻花香一样将空气吸入，然后缓缓呼出，同时心中默念积极的暗示语言或者仅仅默数数字。反复几次，可以有效地放松心情。

4. "目中无人"或"视而不见"法

初学者站讲台目光放"虚"，看似同观众目光对视，实际上并没有聚焦，并且目光要来回流动，让观众感觉到演讲者是在同自己作交流。

5. 平时积极锻炼胆量

如果知道自己是个胆小害羞的人，平时就要积极锻炼胆量。比如走路时要抬头挺胸，主动和人打招呼；上课或开会时坐到显眼的位置，并积极主动地举手发言；以小组或宿舍为单位组织经常性的即兴演讲；主动和陌生人讲话；与人说话正视对方的眼睛。

案例分析

班斯·布希芮尔毕业于巴黎美术学校，担任一家保险公司的副董事长。他因工作需要，要对全美各分公司2000名代表发表20分钟演说。他欣然接受，心里盘算着这是提高自己声望的好机会。于是，他先撰写演讲稿，然后逐字逐句背下来，并在镜子前反复练习动作手势，直到自认为满意为止。他觉得这次演讲一定是完美无缺的，因为他对演说的台词、语调以及每一个表情动作都做了周详的设计。但是，当他走上讲台，一阵莫名其妙的恐惧忽然袭涌上来，说完第一句话就再也想不出下句了，他口干舌燥，焦急得快要窒息。此时，他往讲台后侧退了两步，又重复一遍。如此反复了4次时，一不小心掉下讲台。台下的听众哄堂大笑，甚至有一位观众笑得跌倒在过道上。他感到很羞愧，提出了辞呈。

问题：结合案例谈谈生活中自己有没有怯场的行为，应如何克服？

分析：_____

_____

_____

训练设计

（1）想象训练：至少用5分钟想象自己在公众场合演讲，想象自己成功。

（2）利用各种机会同陌生人说话，每天至少同5个人有意识地讲话。

（3）每天训练自己"三分钟演讲"一次或"三分钟默讲"一次。

（4）每天给亲人、同事至少讲一个故事或完整地叙述一件事情。

（5）练习当众说话，争取第一个上台演讲，活动结束后最好互相进行讲评，指出存在的问题。

实训任务3　克服自大心理训练

自大用来形容个体妄自尊大、自负的心态，是一种以自我为中心的心理障碍。自大者往往自以为了不起，习惯于过高地估计自己，只顾自己的感受，妄自尊大。无论是日常交际和工作还是演讲比赛，自大心理都是非常不好的。在日常交际和工作中，自大容易使人孤傲离群，恶化人际关系，不利于工作的开展；而在演讲时，自大的人容易轻视竞争对手，过高地估计自己的能力，盲目乐观，自我满足，从而导致失败。

训练目标

（1）认识自大的坏处。

（2）掌握克服自大心理的方法。

训练内容

1. 客观准确地评价自己和他人

评价自己时,既不可妄自菲薄,也不可盲目自大;评价他人时,同样不能夸大对方的长处、神化对方的能力,也不能只看到他人的短处或者把别人看得一无是处。

2. 接受他人批评与自我批评

能够虚心聆听他人的观点,冷静接受他人的批评和指责。但虚心接受意见只是第一步,自大者还要在这个基础上重视内心的反省,通过内心的力量消化、吸收他人的批评,改变自大的心理,从而改变过去固执己见、唯我独尊的外在形象。

3. 尊重他人、关爱他人

要别人尊重自己,首先自己要尊重别人。不仅要尊重人,还要学会关爱他人,为他人着想,为他人奉献。不仅要"目中有人",还要"心中有人"。只有这样,才能得到他人真心的尊重和关爱,才会得到珍贵的友谊。

4. 正确看待荣誉,端正演讲动机

演讲主要是为了切合时代和形势的需要,弘扬正气、宣传真理,因而演讲者的形象也要求正直、磊落。如果把个人的荣誉和得失看得太重,反而同演讲的主旨背道而驰。

案例分析

小邓一直自诩为"高级人才",他总觉得自己的思维与众不同,能力也高人一等。在学校的时候他就整日幻想着毕业后能有一份让人羡慕的工作。平日他经常不去上课,拿着一个本子说是要搞文学创作,可是到大学毕业的时候他连一篇文章也没有发表,成绩却有几门不及格。而他仍然自命不凡,觉得自己素质很高,能力很强。结果在招聘的时候,几乎所有用人单位的考官看了他的简历都摇头,这让小邓感到十分苦恼,他觉得自己总是遇不到伯乐,才华无处施展。

问题:结合案例谈谈生活中自己有没有自大的行为,应如何克服?

分析:_____

_____

_____

训练设计

(1) 以小组为单位,组内成员相互挑出对方一个不足的地方,对方要虚心接受,认真反思,积极改进。

(2) 以小组为单位,组内成员开展自我批评。

实训任务 4　克服忌妒心理训练

忌妒,就是与他人比较,发现自己在才能、名誉、地位或境遇等方面不如别人而产生的一种复杂情绪,它由焦虑、恐惧、悲哀、猜疑、羞耻、自咎、消沉、憎恶、敌意、怨恨、报复等组成。在演讲比赛时,竞争对手的优势常会招致忌妒,从而引发不正当的竞争方式或者影响自己的发挥。

训练目标

(1) 认识忌妒的害处。
(2) 掌握克服忌妒心理的方法。

训练内容

1. 正确认识法

忌妒心的产生往往是由于误解所引起的,即人家取得了成就,便误以为是对自己的否定。其实,一个人的成功不仅要靠自己的努力,更要靠别人的帮助,荣誉既是自己的,也是大家的,人们给予别人赞美、荣誉,但并没有损害你。

2. 攻击忌妒法

忌妒心一经产生,就要立即把它打消掉,以免其作祟。这种方法需要靠积极进取,使生活充实起来,以期取得成功。

3. "想开些"消除法

人生总有不如意之事,所谓"人人都有本难念的经"即是此理。如果正处在愤怒、兴奋或消极的状态下,能较平静、客观地面对现实,就能达到克服忌妒的目标。

4. 正确比较法

一般而言,忌妒心理较多地针对自己熟悉的年龄相仿、生活背景大致相同的人群产生。因此,要采取正确的比较方法,将人之长比己之短,而不是以己之长比人之短。

5. 自我驱除法

忌妒是一种突出自我的表现。无论什么事,首先考虑到的是自身的得失,因而引起一系列的不良后果。若出现忌妒苗头时,即行自我约束,摆正自身位置,努力驱除忌妒心态,可能就会变得"心底无私天地宽"了。

案例分析

有一位男青年到一家广告公司应聘部门经理。经过3轮面试,只剩下包括这位男青年在内的5人进入最后的"5分钟演讲"阶段。演讲中5个人的发挥都很出色。最后,还是这位男青年应聘成功了。可让他胜出的原因却令人难以想象:据说他在听到一位竞争对手演讲到精彩之处时,情不自禁地为对手鼓掌喝彩。这一无意间的举动,被担任主考官的老总认为是"善于欣赏和汲取别人的优点,富有团队精神的体现"。男青年乐为他人喝彩,无形中为自己赢得了"附加分",增加了制胜的砝码。

问题:结合案例谈谈这位应聘者制胜的原因。

分析:_____

_____

_____

训练设计

以小组为单位,组内成员相互挑出对方的一个优点,发自内心地真诚赞美。

模块 2　语 音 训 练

演讲是有声语言的艺术。演讲者需要具备较高的驾驭语言的能力,掌握语言表达的技巧,因而,为了使自己的语言达到发音纯正、字正腔圆、自然流畅、感情充沛的标准,使我们的演讲更具有表现力和感染力,因此在平时就应该注重语音训练。

实训任务 1　发声训练

训练目标

(1) 掌握气息训练的方法。
(2) 掌握共鸣训练的方法。
(3) 掌握吐字归音训练的方法。

训练内容

1. 气息训练

1) 发声时的正确姿态

挺胸收腹,肩部放松,颈部、背部自然挺直,身体呈挺拔向上状态,这样的姿势能够保证气流运行畅通,具备良好的共鸣效果,使语音自然流畅、浑厚有力、悦耳动听。

2) 呼吸训练

(1) 吸气。保持站立姿势,上体正直,肩部放松,胸稍内含,小腹微收。随着气流通过鼻腔均匀地吸入肺中,胸、肋、腰有膨胀并外扩的感觉,同时利用小腹收缩的力量控制住气息不使外流。

注意:吸气要深,但不可过满,七八分即可。因为过满则不易控制,容易一泻而出。

(2) 呼气。姿势不变,腹肌用力,使横膈膜慢慢上升,两肋和腰部逐渐放松,将肺部的气缓缓呼出。

注意:呼气要均匀,不可忽快忽慢、忽大忽小,保持柔和度和持续性。练习时要循序渐进,开始时练缓吸缓呼,然后再练急吸急呼。另外,在配合语句进行练习时,要学会节约用气,要根据语句的需要控制吐气量。一句话说完以后,不能一下子把气放光,时刻要留有"余气",以避免出现底气不足或"气竭"的现象。

注:对于演讲这种费时较长,同时又讲求音量、音质等效果的说话方式来说,最适合的呼吸方法是胸腹联合呼吸。

3) 换气训练

换气的方法有以下两种。

(1) 大气口。气口即换气的位置。大气口也就是少呼多吸的换气法。演讲时,在表达允许有短暂停顿的地方,先吐出少量的气,紧接着深吸一大口气,方便为下面的话语准备足够的气息。

(2) 小气口。小气口是只吸不呼的换气法,也叫作"偷气",是一种不露痕迹的弥补底气的方法。演讲时,在话语停顿处急吸一小口气,或在说完一个字时带回一点气,这都属于小气口。

2. 共鸣训练

1) 口腔共鸣训练

在进行发声训练前,可用"半打哈欠"法来体会一下共鸣时口腔的状态:将双唇收拢并用力,下巴、喉部放松,牙关打开,鼻咽关闭。

2) 鼻腔共鸣训练

可以通过鼻辅音 m、n、ng 来体会鼻腔共鸣。还可试着发"嗯——"音。先闭口发"嗯——"音,然后逐步张开口,此时若能使"嗯——"音不随嘴巴的开合而出现音色明暗的变化,则表明鼻腔共鸣准确。还可发"啊"的中高长音,此时用手摸脸颊,可感觉脸部振动,表明口腔和鼻腔在共鸣。

3) 胸腔共鸣训练

尝试发"啊"的低长音,此时用手按胸口,可感觉胸部振动,这表明胸腔在共鸣。

3. 吐字归音训练

1) 字头

字头要咬准,"出字"要有力。字头是指声母或声母加韵头。发字头时要注意发音部位准确,发音动作标准,要咬住字头,"出字"要有力、短促。

2) 字腹

字腹要响亮,"立字"才圆满。字腹也就是韵腹,字腹发得好,字就"立"起来了。发音时要有意强调,适当拖长、念重一点,经过共鸣处理,声音才会圆润饱满,达到"腔圆"的效果。

3) 字尾

字尾要收全,"归音"要到位。字尾即韵尾,字尾的发音也叫作"归音"。字尾同字腹相比,其音质多含糊不定,容易被忽略不读,出现草草收尾的情况。所以,须注意归音到位,干脆利落地收好字尾。

注:字头、字腹、字尾虽然是一个字音的3个部分,但在发音时不可分割开来,要作为一个整体去对待,掌握从字头到字腹再到字尾的圆润过渡,使每个部分到位并且衔接流畅,确保出字有力、立字圆满、归音到位。

案例分析

望夜空,满天星,光闪闪,亮晶晶。好像那,小银灯,大大小小密密麻麻,闪闪烁烁数不清。仔细看,看分明,原来那群星,分了星座还起了名。按亮度,分了等,一等、二等、三等、四等、五等、六等一共分六等。谁最亮,是一等;谁最暗,是六等。一等到六等,总共不过六千九百多颗是恒星。星空中,还能看见那大行星和卫星,小行星和彗星,更有那无数无名点点繁星看不清。要想看清它,请你借助现代化的天文望远镜。

要求:将上面一段文字读下来,依句号停顿换气,不是句号处不准换气。反复练习,直至能自然地换气,顺畅读下来为止。

分析:_____
_____
_____

训练设计

1. 呼吸训练

(1) 闻花香训练。找一处空气新鲜的地方,保持站立姿势,上体正直,肩部放松,胸稍内含,小腹微收。想象自己正置身花丛,用鼻子从容地吸气,细细体会气流的运行轨迹,感受两肋、腰部的扩张以及小腹的收紧感。吸气至七八分满,控制一两秒,缓慢、均匀地将气呼出,随着两肋、胸腹、腰部的逐渐放松,想象自己神清气爽、身体轻盈。每天至少训练10分钟。

(2) 吹树叶(纸片)练习。如上姿势,距离树叶(纸片)约1米远,吸气至七八分满,将气息朝树叶(纸片)缓缓吐出,要看到树叶(纸片)有明显的颤动。如此反复练习,直至轻轻一吹树叶(纸片)就抖动为止。要训练至可自由控制树叶(纸片)动荡程度的大小为止。

(3) 数数训练。如上姿势,吸气至八成满,屏气数秒,然后用带有气息的声音均匀地数1、2、3、4、5……。数的速度要慢,吐字要清楚,嘴上用力,不紧张,不憋气;发一个音时喉咙放松,气要通,直至一口气数完,能数多少数多少,逐渐增加。注意数数过程中不漏气、不泄气。

(4) 单句训练。如上姿势,吸气至八成满,屏气数秒,呼气同时说单句。

(5) 篇章训练。如上姿势,朗读一段或一篇文章,注意吸气和呼气的要领。

(6) 运动中训练。清晨跑步或爬山时,在气喘吁吁中高声说话或背文章。

注意:为避免造成胃下垂,以上训练最好是在空腹时进行,晨间和饭前为宜。

2. 换气训练

(1) 练习提高声音分贝:"啊、啊、啊、啊""咿、咿、咿、咿",由低到高递增。练习拉长声音:"啊——""咿——",不换气,坚持一口气到20秒以上。

(2) 蓄气练习。将下面的文字一口气读下来,若有断气之处则重来,不准偷气,反复练习,直到坚持一口气读完为止。

① 出东门,过大桥,大桥底下一树枣儿,拿着杆子去打枣,青的多,红的少。一个枣儿,两个枣儿,三个枣儿,四个枣儿,五个枣儿;五个枣儿,四个枣儿,三个枣儿,两个枣儿,一个枣儿。

② 广场上,飘红旗,看你能数多少面旗,一面旗,两面旗,三面旗,四面旗,五面旗,六面旗,七面旗,八面旗,九面旗,十面旗,十一面旗,十二面旗,十三面旗……

3. 共鸣训练

(1) 元音练习:la、ya、da、ta、ga、wa、sha、pi、bi、wai、bai、pai(为了更好地体会气

(2) 词组练习。

涂鸦	愉快	澎湃	插花	对话	加油
碰壁	拍打	喷泉	批判	品牌	虚假
喇叭花	吧嗒嗒	噼啪啪	哗啦啦	乓乓乓
黯淡	反叛	散漫	到达	计划	发展	厌烦
如雷贯耳	心胸宽广	翻江倒海	心潮澎湃

(3) 短句练习。

① 村里新开一条渠,弯弯曲曲上山去。河水雨水渠里流,满山庄稼一片绿。

② 山上五株树,架上五壶醋,林中五只鹿,箱里五条裤,伐了山上的树,搬下架上的醋,射死林中的鹿,取出箱中的裤。

③ 一闪一闪亮晶晶,满天都是小星星。挂在天上放光明,好像许多小眼睛。

④ 让我们荡起双桨,小船儿推开波浪。海面倒映着美丽的白塔,四周环绕着绿树红墙。小船儿轻轻飘荡在水中,迎面吹来了凉爽的风。红领巾迎着太阳,阳光洒在海面上,水中鱼儿望着我们,悄悄地听我们愉快歌唱。小船儿轻轻飘荡在水中,迎面吹来了凉爽的风。

⑤ 忽如一夜春风来,千树万树梨花开。

⑥ 远上寒山石径斜,白云生处有人家。停车坐爱枫林晚,霜叶红于二月花。

4. 吐字归音训练

由快到慢绕口令。

(1) 八百标兵奔北坡,炮兵并排北边跑,炮兵怕把标兵碰,标兵怕碰炮兵炮。

(2) 调到大岛打大盗,大盗太刁投短刀,推打叮当短刀掉,踏盗得刀盗打倒。

(3) 哥挎瓜框过宽沟,赶快过沟看怪狗,光看怪狗瓜筐扣,瓜滚筐空哥怪狗。

(4) 粉红墙上画凤凰,凤凰画上粉红墙;红凤凰,黄凤凰,粉红凤凰花凤凰,好似天上飞来这两对真凤凰。

(5) 路东住着刘小柳,路南住着牛小妞。刘小柳拿着红皮球,牛小妞抱着大石榴。刘小柳把红皮球送给牛小妞,牛小妞把大石榴送给刘小柳。牛小妞脸儿红得像红皮球,刘小柳脸儿笑得像大石榴。

实训任务2 朗读技巧训练

训练目标

掌握停顿、重音、语调、语速等朗读技巧,能生动地朗读文章。

训练内容

1. 停顿

停顿可分为以下两种:语法停顿和感情停顿。语法停顿是受语言的内在结构制约而做出的。可以分为两种情况:一是在书面形式上用段落和标点符号来体现,也称为句读停顿。句读停顿时间的长短大致参照以下标准:段落＞句号(问号、叹号)＞冒号和分号＞

逗号＞顿号。朗读时根据段落和标点符号来做停顿,就能够做到语义层次分明。二是在没有标点符号的句子中间,按语法成分所做的停顿。这种停顿的时间要比前者的短。

感情停顿也称为强调停顿。这种停顿往往是为了表达语言蕴含的某种感情或心理状态,比如激动、悲伤、紧张、疑虑、沉吟、回忆、思索、深情等,使用这种停顿时不受语法限制。

注：感情停顿是一种极重要的语言表达技巧,它能充分展现"潜台词"的魅力,使听众能够参与其中,领会那些无法言表的思想感情。

2．重音

重音可分为语法重音和逻辑重音。语法重音是根据语句结构来体现重音,一般来说,需要重读的有谓语、宾语、定语、状语、补语、疑问代词、指示代词等。这类重音在朗读时不必过分强调,只要比其他音节读得稍微重些就可以了。逻辑重音是为了某种目的而需要特别强调某些词或短语。例如：

（1）我知道你会跳拉丁舞（别人不知道你会跳拉丁舞）。

（2）我知道你会跳拉丁舞（你不要瞒着我了）。

（3）我知道你会跳拉丁舞（别人会不会跳我不知道）。

注：逻辑重音相比较于语法重音,在朗读中更为重要。逻辑重音往往代表了特殊的感情色彩,如果读得不对,就会影响语义的明确性,从而影响文章的原意。

3．语速

语速有快速、中速、慢速 3 种。

快速多用于表现兴奋、热烈、轻快、欢畅、焦急、紧张、愤恨、抨击、斥责等情感,表现急剧变化发展的场面,表现辩论、争吵等谈话方式,表现机警、泼辣、爽朗的人物（特别是年轻人）的语言、动作和性格等。

中速多用于表现起伏不大的、平淡的感情,客观的叙述、说明、议论等。

慢速多用于表现沉痛、悲伤、缅怀、悼念、追忆、失望、痛苦等心情,表现庄严、平静、严肃的场面,表现闲散、舒适的谈话方式,表现稳重、迟钝、身体有病痛的人或者老年人的语言、动作和性格。

4．语调

语调有升、降、平、曲 4 个调。升调,语调由平逐渐升高,常用于表示疑问、反诘、惊异、呼唤、号召等语气,表达高昂、亢奋、激动的情绪。降调,语调由高逐渐降低,常用来表示肯定、坚决、悔恨、感叹等语气,表达低落、沉重、无奈等情绪。平调,语调平稳,常用来表示庄重、严肃、冷淡、平稳等语气以及作为一般的叙述说明。

案例分析

明末重臣洪承畴曾自撰一联："君恩深似海,臣节重如山。"后来他被俘投降后,世人即将他的对联改为："君恩深似海矣！臣节重如山乎？"

问题：结合案例说说不同停顿、重音、语调、语速在表达感情时有何作用,自己是否曾经因为说话重音或停顿或语调或语速不对而闹过笑话或误会。

分析：_____

训练设计

1. 停顿训练

（1）试着把下面的话从不同的位置断开，看看所表达的意思有何不同，并以此分析停顿在表达上的作用。

① 今年正好晦气全无财物进门。

② 无鸡鸭也可无鱼肉也可一盘煮豆足矣。

③ 我赞成他也赞成你怎么样？

④ 小李和小王的律师马上就到。

（2）下列各句停顿不当产生了误解，请指出怎样停顿才恰当。

① 海/内存知己，天涯若比/邻。

② 但使/龙城/飞/将在，不教/胡马/度/阴山。

③ 美有/如盛夏的水果，是容易/腐烂而难保持的。

④ 美貌的人并不/都有其他方面的才能。

（3）仔细阅读下面的文字，试着分析林肯通过停顿所要表达的思想感情。

在林肯和名法官道格拉斯著名的辩论接近尾声之际，所有的迹象都表明他会失败，他因此感到很沮丧，令他痛苦的老病不时地折磨着他，为他的演说增添了不少感人的气氛。在他最后一次辩说词中，他突然停顿下来，默默站了一分钟，望着他面前那些半是朋友、半是旁观者的群众的面孔，他那深陷下去的忧郁的眼睛跟平常一样，似乎满含着未曾流下来的眼泪。他把自己的双手紧紧握在一起，仿佛它们已经太疲劳了，已无力应付眼前这场无助的战斗。然后，他以他那独特的单调声音说道："朋友们，不管是道格拉斯法官或我自己被选入美国参议院，都是无关紧要的，一点关系也没有；但是我们今天向你提出的这个重大问题才是最重要的，远胜过任何个人的利益和任何人的政治前途。朋友们——"说到这，他又停了下来，听众们屏息等待，唯恐漏掉了一个字，"即使在道格拉斯法官和我自己的那根可怜、脆弱、无用的舌头已经安息在坟墓中时，这个问题仍将继续存在、呼吸及燃烧。"

2. 重音训练

（1）朗读下面的句子，试着变换重音的位置，并分析所表达的意思。

① 我妈请你和小李到我家吃饭。

② 这束花是我买的。

③ 明天我去北京。

（2）朗读下面的一段文字，注意确定和表达重音。

有一次，富兰克林·罗斯福家中失窃，他的朋友写信安慰他，他回信道："亲爱的朋友，谢谢你来信安慰我，我现在很平安。感谢上帝。因为，第一，小偷偷去的是我的东西，而没有伤害我的生命；第二，小偷只偷去了我的部分东西，而不是全部；第三，最值得庆幸的是，做小偷的是他，而不是我。"

（3）模仿下面《雷雨》的对白，注意确定和表达重音。

繁：萍，我盼望你还是从前那样诚恳的人。顶好不要学着现在一般青年人玩世不恭的态度。你知道我没有你在我面前,这样,我已经很苦了。

萍：所以我就要走了。不要叫我们见着,互相提醒我们最后悔的事情。

繁：我不后悔,我向来做事没有后悔过。

萍：(不得已地)我想,我很明白地对你表示过。这些日子我没有见你,我想你很明白。

繁：很明白。

萍：那么,我是个最糊涂、最不明白的人。我后悔,我认为我生平做错一件大事。我对不起自己,对不起弟弟,更对不起父亲。

繁：(低沉地)但是最对不起的人有一个,你反而轻轻地忘了。

萍：我最对不起的人,自然也有,但是我不必同你说。

繁：(冷笑)那不是她！你最对不起的是我,是你曾经引诱的后母!

萍：(有些怕她)你疯了。

繁：你欠了我一笔债,你对我负着责任；你不能看见了新的世界,就一个人跑。

萍：我认为你用的这些字眼,简直可怕。这种字句不是在父亲这样——这样体面的家庭里说的。

繁：(气极)父亲,父亲,你撇开你的父亲吧！体面？你也说体面？(冷笑)我在这样的体面家庭已经18年啦。周家家庭里做出的罪恶,我听过,我见过,我做过。我始终不是你们周家的人。我做的事,我自己负责任。不像你们的祖父、叔祖,同你们的好父亲,偷偷做出许多可怕的事情,祸移在别人身上,外面还是一副道德面孔,慈善家、社会上的好人物。

萍：繁漪,大家庭自然免不了不良分子,不过我们这一支,除了我……

繁：都一样,你父亲是第一个伪君子,他从前就引诱过一个良家的姑娘。

萍：你不要乱说话。

繁：萍,你再听清楚点,你就是你父亲的私生子！

萍：(惊异而无主地)你瞎说,你有什么证据？

繁：请你问你的体面父亲,这是他15年前喝醉了的时候告诉我的。(指桌上相片)你就是这年轻的姑娘生的小孩。她因为你父亲不要她,就自己投河死了。

萍：你,你,你简直……好,好,(强笑)我都承认。你预备怎么样？你要跟我说什么？

繁：你父亲对不起我,他用同样的手段把我骗到你们家来,我逃不开,生了冲儿。十几年来像刚才一样的凶横,把我渐渐地磨成了石头样的死人。你突然从家乡出来,是你,是你把我引到一条母亲不像母亲、情妇不像情妇的路上去。是你引诱我的！

萍：引诱！我请你不要用这两个字好不好？你知道当时的情形怎么样？

繁：你忘记了在这屋子里,半夜,我哭的时候,你叹息着说的话吗？你说你恨你的父亲,你说过,你愿他死,就是犯了灭伦的罪也干。

萍：你忘了。那时我年轻,我的热叫我说出来这样糊涂的话。

繁：你忘了,我虽然只比你大几岁,那时,我总还是你的母亲,你知道你不该对我说这种话吗？

萍：哦——(叹一口气)总之,你不该嫁到周家来,周家的空气满是罪恶。

繁：对了,罪恶,罪恶。你的祖宗就不曾清白过,你们家里永远是不干净。

萍：年轻人一时糊涂,做错了的事,你就不肯原谅吗？(苦恼地皱着眉)

繁：这不是原谅不原谅的问题，我已预备好棺材，安安静静地等死，一个人偏把我救活了又不理我，撇得我枯死，慢慢地渴死。让你说，我该怎么办？

萍：那，那我也不知道，你来说吧！

繁：（一字一字地）我希望你不要走。

萍：怎么，你要我陪着你，在这样的家庭，每天想着过去的罪恶，这样活活地闷死吗？

繁：你既知道这家庭可以闷死人，你怎么肯一个人走，把我放在家里？

萍：你没有权利说这种话，你是冲弟弟的母亲。

繁：我不是！我不是！自从我把我的性命、名誉交给你，我什么都不顾了。我不是他的母亲。不是，不是，我也不是周朴园的妻子。

萍：（冷冷地）如果你以为你不是父亲的妻子，我自己还承认我是我父亲的儿子。

繁：（不曾想到他会说这一句话，呆了一下）哦，你是你父亲的儿子。这些月，你特别不来看我，是怕你的父亲？

萍：也可以说是怕他，才这样的吧。

繁：你这一次到矿上去，也是学着你父亲的英雄榜样，把一个真正明白你、爱你的人丢开不管吗？

萍：这么解释也未尝不可。

繁：（冷冷地）怎么说，你到底是你父亲的儿子。（笑）父亲的儿子？（狂笑）父亲的儿子？（狂笑，忽然冷静严厉地）哼，都是没有用，胆小怕事，不值得人为他牺牲的东西！我恨我早没有知道你！

萍：那么你现在知道了！我对不起你，我已经同你详细解释过，我厌恶这种不自然的关系。我告诉你，我厌恶。我负起我的责任，我承认我那时的错，然而叫我犯了那样的错，你也不能完全没有责任。你是我认为最聪明、最能了解的女子，所以我想，你最后会原谅我。我的态度，你现在骂我玩世不恭也好，不负责任也好，我告诉你，我盼望这一次的谈话是我们最末一次谈话了。（走向饭厅门）

繁：（沉重的语气）站住！（萍立住）我希望你明白我刚才说的话，我不是请求你。我盼望你用你的心，想一想，过去我们在这屋子里说的，（停，难过）许多，许多的话。一个女子，你记着，不能受两代的欺侮，你可以想一想。

萍：我已经想得很透彻，我自己这些天的痛苦，我想你不是不知道，好，请你让我走吧。

3. 语速训练

（1）慢速练习。请慢速朗读下面这首诗歌，注意诗句和段落之间的回味性停顿。

致青年朋友

佚　名

不要，不要应允那轻风，
它们今天在你耳边温柔絮语，
明天又向别人诉说衷情。

不要，不要许诺那浮云，
它们今天飘在你的头顶，

明天又向别人投下笑影。

不要,不要委身给流水,
它们今天戏弄你的纤足,
明天又同别人的脚跟调情。
要爱,就爱那高山,
要爱,就爱那大海。
它们虽然粗犷、冰冷,
却爱得深沉,爱得坚定。

(2) 快速练习。请一口气念完以下语段。

在此新春到来之际,我祝在座的各位朋友:"一帆风顺二龙图腾三阳开泰四季发财五福临门六六大顺七星高照八方来财九九同心十全十美!"

今天我们一班同学集体聚会,我最后接到请帖仍然非常高兴,二话没说就来参加,而且自始至终三句话不离本行,四海为家发扬母校的光荣传统,五分钟热情干工作那是大大的不幸,六亲不认坚持原则不算过分,七颠八倒不能干好财务金融,八仙过海各显神通世界是我们大家的,九炼成刚去探索去碰硬,十年寒窗一鸣惊人前途无量,百尺竿头更进一步争当行业标兵,千载难逢的晚会我们千古不忘,万事如意这是发自我肺腑的心声,一万年太久只争朝夕愿各位同学马到成功!

4. 语调训练

(1) 下面用"我"做了 4 个语调不同的回答,请试着据此在前面的横线处分别为其补足提问。

① _____——我。
② _____——我?
③ _____——我!
④ _____——我?!

(2) 请根据括号内的提示,用恰当的语调说下面的话。

第一句话:"听说你明天要走?"
① 表示疑问。(真的吗?)
② 表示惊讶。(没有想到。)
③ 表示遗憾。(留恋、舍不得)
④ 表示责怪。(走了也不直接说一声。)
⑤ 表示幸灾乐祸。(终于要卷铺盖走人喽!)
⑥ 表示愤怒。(太不像话了)

第二句话:"你看看你!"
① 表示气愤。(看看你干的好事!)
② 表示嗔怪。(真是个调皮的孩子!)
③ 表示埋怨。(又捣乱了!)
④ 表示惋惜。(叫我说什么好呢?)

模块 3 体态语训练

演讲是由"演"和"讲"两个方面构成,所谓"演"主要就是内容的演绎和体态的演示。体态的演示即体态语,包括面部表情、眼神、手势、姿势等,通过人体形态来生动形象地传达信息、表达感情,是有声语言的辅助手段。美国心理学家艾帕尔说:"人的感情表达由3个方面组成:55%的体态、38%的声调及7%的语气词。"可见,体态语在演讲中的重要性。

实训任务 1 眼神训练

训练目标

掌握眼神训练的方法,理解不同眼神表达的意义。

训练内容

1. 前视

演讲者的目光直视前方,统摄全场,目光自然、亲切,表情大方、诚恳。前视最容易让听众感到"他是在向我演讲",从而吸引听众的注意力。

2. 环视

环视也叫扫视,即视线有节奏地从左到右,或从前到后慢慢移动,与所有听众保持眼神交流。演讲者初上讲台时,可以采用这种注视法,以调动听众的注意力,起到静场的作用。但在演讲过程中不宜频繁使用,以减轻观众的压迫感。

3. 凝视

凝视是指演讲者用柔软的视线较长时间注视某一个听众。这种注视方法可以使对方因受到尊重而获得一种心理上的满足。但是,要注意:①凝视的时间不可过长,以免影响对全场的照顾;②不能有过多和过于集中的凝视,以免给个别听众造成压力,也让其他听众有被冷落的感觉;③要注意视线保持柔软,不可过硬过冷,以免使听众产生不快的感觉。

4. 虚视

虚视是一种"目中无人"的注视方法,指的是目光没有焦距,不集中在某点上,视线长而软。这种注视方法可以帮助演讲者消除紧张、舒缓情绪,将精神集中到演讲的内容上来,还可以留给听众以落落大方的印象。

5. 点视

点视往往是对不注意听讲的听众或者对会场不安静的部位进行有意识的关注。这种注视方法要点到为止,目光不可过硬,一般听众能迅速领会演讲者目光中的信息,保持安静听讲。

注:以上各种眼神的运用并不是死板机械的,演讲者要根据演讲的内容、听众的态

度、自身的情感变化,配合表情、手势等体态语,并结合会场可能出现的各种情况,灵活机动地、有目的有意识地运用好眼神。

训练设计

(1) 做眼球操,即上下左右最大限度地转动眼球。
(2) 对着镜子,眼睛睁大,不眨动,保持3分钟。
(3) 两人对视,互相审视目光,少眨动,保持3分钟。
(4) 请根据视觉的角度来猜测含义。
① 正视,一般表示_____。
② 斜视,一般表示_____。
③ 仰视,一般表示_____。
④ 俯视,一般表示_____。
(5) 以下注视表示的分别是什么含义。
① 直视(长而硬),一般表示_____。
② 虚视(长而软),一般表示_____。
③ 盯视(短而硬),一般表示_____。
④ 探视(短而软),一般表示_____。
(6) 设计不同情景,模拟各种注视方法,并请同学或老师指点。

实训任务2 表情训练

训练目标

掌握表情训练的方法,理解不同表情传达的不同含义。

训练内容

1. 观察和揣摩
观察电影、电视中人物的表情,也可观察雕塑、绘画、摄影作品中的人物表情。
2. 对镜练习
练习激动、悲痛、愤怒、感动、大笑、冷笑等各种表情,体会脸部肌肉的紧张程度。
3. 练习微笑
基本做法:不发声、不露齿,嘴角两端向上略微提起,亲切自然,使人如沐春风。

训练设计

(1) 模拟各种笑:微笑、大笑、苦笑、冷笑、嘲笑、奸笑、暗笑、狂笑;讨论并分析这些笑分别表达的感情及适用的情境。
(2) 其他表情的模拟:愤怒、悲伤、激动、愁苦、眉飞色舞、垂头丧气、惊恐万状、没精打采、神采飞扬、笑逐颜开等。
(3) 微笑训练:可采用以下三种方法:①情绪记忆法——多回忆美好往事,保持身心愉悦；②发声训练法——对镜子发"一"或"七"的声音，牵动嘴角呈现自然微笑的样子，至少保持5分钟；③卡片暗示法——随身携带写有"微笑"的卡片，随时提醒自己保持微笑。

实训任务3　手势训练

训练目标

掌握不同部位手势表达的含义，训练手势达到自然。

训练内容

1. 不同区域手势

（1）上区手势：手在肩部以上。表示肯定、振奋、激动、愤怒等强烈的感情。比如右手握拳上举，表示决心。

（2）中区手势：手在肩部和腰部之间。表示平静、友善、坦诚的态度和情绪。比如摊开双掌，表示真诚、坦率。这是交际中最常用手势，在演讲和发言中也时常用到。

（3）下区手势：手在腰部以下。表示憎恶、否定、反对、失望等情绪。比如右手握拳向左下方挥动，表示抗议。这种手势在演讲中也常用到。

2. 象形手势

象形手势用来通过模拟、比画来体现事物的大小、高矮、形状等。在语言不通的情况下或者商品交易时常常会采用这种手势。在演讲或交际时，象形手势不仅能够给人带来形象感，还可以通过一定的夸张来烘托气氛。

3. 指示手势

指示手势用来指明具体对象，比如"我、他、你、这、那"或数字、方位等。使用指示手势要注意的是，所指的对象一般在视线所及范围内或者大致有方向的事物。另外，最好不要用手指着对方，非要指明对方时，不要用手指，可以用整个手掌，掌心向上，并且注意语气和表情。

4. 象征手势

象征手势用来表示抽象的概念和事物。比如伸出食指和中指形成"V"形表示胜利；将拇指和食指圈成圆形，其余手指伸展，形成"OK"图形表示同意、赞赏等意。

5. 情意手势

情意手势用来形象地表达情感、态度。例如，握拳表达的是愤怒；捶胸表示哀痛；挥手是示意或告别；摸鼻子可能是犹豫；搓手、绞手透露出内心的焦急，双手插入兜内，两个拇指从兜内伸出表示骄傲等。

6. 12种不同手势的含义

（1）手掌伸开，稍抬起，然后向胸部方向挥动，同时握拳，一般表示意志和决心，并起到加重语气的作用。

（2）手掌伸开，抬至胸前，然后向斜下方用力挥动，一般表示否定。

（3）手掌伸开，抬至胸前，然后向前上方用力挥动，一般表示号召等意思。

（4）手掌伸开，抬至胸前，然后用力握拳，一般表示决心等意思。

(5) 手掌伸开,抬至胸前,然后手掌左右摆动,一般用来表示否决等意思。

(6) 食指伸直,其余四指内握,然后举起,指某一方向(根据内容决定),可用于表示方向。

(7) 手向前平伸,掌立起,或伸出若干指,或握若干指(根据内容决定),可以表示数目。

(8) 两手同时伸掌,稍向前下垂,掌心向前,抖动一两次,一般用来表示无可奈何等意思。

(9) 两手同时伸掌,向前平伸,掌心相对,两臂呈一定角度(根据内容来决定),可用来表示对方——在场听众。

(10) 两手同时伸掌,向前上方同时挥动,使两臂有一定的角度(根据内容来决定),一般表示欢呼、希望等意思。

(11) 两手同时伸掌,向前抬至胸前,掌心相对,然后同时向里靠拢,至双手紧握,可用来表示团结等意思。

(12) 两手同时伸掌,配合做出某种形状(根据内容决定),可用来形容某种事物。

注:演讲中运用手势要注意几点。①要简洁明了、干净利落;②要与语言、表情、神态配合得当;③要同自己的身份、职业、年龄等因素结合起来,在自然、得体的基础上体现出个性和气质。

训练设计

(1) 按照下面的提示边讲边练习手势。

古代巨人的眼睛,像现今我们的眼睛一样,曾经看见尼亚加拉。(**右手在自己眼前比画表现巨人用眼睛张望的情景**)一万年前的尼亚加拉,和现在的是同样的新鲜有力!水从天上飞落人间,激荡起白色的浪花。(**右手从空中快速划落,表现出瀑布从山上落下的情景**)一群群的古人从山下走过,踏着起伏的山麓,蜿蜒向前,伴着瀑布的浪花,蜿蜒向前……(**左手起伏状波动,表现古人在起伏山麓上蜿蜒行走的长龙的样子**)他们一直在观察着瀑布,一直在做着思考……(**右手食指指向大脑,再现古人思考时的样子**)

(2) 按下面的提示进行边讲边情意手势训练。

那就是朝阳!充满希望的朝阳!(**双手托起,掌心向上,体现出太阳的光辉之美**)它喷薄而出,带给我们新的一天!(**摊怀拥抱,表达对新生活的迎接,体现新生活的美好**)的确,太阳每天都是新的,让我们抓住这青春时光,努力奋斗吧!(**双拳紧握,体现青年人奋斗的激情和壮美**)

(3) 用手势来表示下列意思。

热爱 宣誓 号召 关心 抗议 向往 犹豫 痛苦 无奈 示爱 忏悔 愤怒 挑战

(4) 试着分析下列手势所代表的含义和感情。

① 丈夫在向妻子解释某事时把双臂交叉在胸前。

② 小伙子向人竖起小拇指。

③ 会上发言时把双手放在桌子上十指交叉呈塔状。

④ 某人拍着胸脯说话。

(5) 试讲电影《高山下的花环》中雷军长的一段台词,并根据内容来设计手势。

"我的大炮就要万炮轰鸣,我的装甲车就要隆隆开进！我的千军万马就要去杀敌,就要去拼命！就要去流血！可刚才,有那么个神通广大的贵妇人,竟有本事从千里之外,把电话打到我这前沿指挥所。她来电话干啥？她来电话是要我给她儿子开后门不上战场,让我关照关照她的儿子！哼！走后门,她竟敢走到我这流血牺牲的战场上！我在电话里臭骂了她一顿！我雷某不管她是天老爷的夫人,还是地老爷的太太,走后门,哼,谁敢把后门走到我这流血牺牲的战场上,没二话,我雷某要让她儿子第一个扛炸药包去炸碉堡！去炸碉堡！"

实训任务 4　嘴形训练

训练目标

掌握嘴形训练的方法,理解嘴的不同动作所表达的含义。

训练内容

1. 嘴的动作所表现的含义

(1) 嘴巴半开,嘴部肌肉紧张：表示疑问、期待、惊讶、紧张。

(2) 嘴巴半开,嘴部肌肉松弛：表示入神或发呆。

(3) 嘴唇撅起：表示生气或撒娇。

(4) 嘴巴大开：表示惊愕、惊骇。

(5) 嘴角向上：表示心情好。

(6) 嘴角向下：表示沮丧。

(7) 撇嘴：表示不耐烦、不稀罕、不屑。

(8) 牙齿咬住下唇：表示害羞、忍耐、思考等。

(9) 舌头舔嘴唇：表示紧张。

2. 嘴部动作训练方法

对着镜子练习嘴部动作,尤其注意微笑时嘴部的形状。

训练设计

模仿下列情绪来表现嘴形。

大惊失色　目瞪口呆　瞠目结舌　委屈　倔强　不屑　喜悦　生气

实训任务 5　头部动作训练

训练目标

掌握头部训练的方法,理解不同头部动作表达的含义。

训练内容

1. 头部动作所表现的含义

（1）头部正位：多用于陈述时，此时演讲者的目光洒在会场中部听众的脸上，显得较庄重严肃，表现一种较平稳的感情。不过，这种姿态不宜过久过多，易造成呆板印象。

（2）点头：表示同意、肯定、感谢、满意、理解、顺从等意思，也可作为打招呼的一种方式。

（3）摇头：表示反对、否定、怀疑、拒绝、失望、不理解、无可奈何等意思。

（4）侧头：表示思考、欣赏、不服，有时也表现少女、孩童撒娇的情状。

（5）昂头：表示踌躇满志、胜券在握、目中无人、骄傲自满等意思，也可表现革命志士视死如归的样子。

（6）仰头：表示失意、伤心、呼唤、憧憬、大喜等意思。

（7）低头：表示顺从、听话、消沉、无可奈何的意思。

（8）猛抬头：表示觉醒、有所悟等意思。

（9）垂头：浅垂一般表示谦虚、停顿和思索；深垂表示悲痛、伤感、消极、丧气、难过等。

2. 头部动作训练方法

对镜进行以上头部动作的练习，注意配上相应的表情、手势等其他体态语。

训练设计

配合其他体态语来表现头部动作。

痛心疾首　仰天长叹　同意　无可奈何　沮丧　伤心　失望　落寞

实训任务6　站姿、坐姿、行姿

训练目标

掌握眼神训练的方法，理解不同眼神表达的意义。

训练内容

1. 站姿训练

正确的站姿应符合以下要求：①精神饱满。②头部正直、双眼平视、下巴微收，表情自然。③两肩平齐、收腹挺胸、双臂自然下垂或者右手轻握左手（手腕或手指）自然垂放于下腹处。④双腿挺直、脚跟自然靠拢，或者一脚略前一脚略后构成45°角，使重心保持在双腿之间，这比较适用于女士；或者在上体保持正直的前提下，一脚可后撤半步，但重心依然在双腿之间；也可双脚分开与肩同宽，这往往适用于男士。

站姿训练方法：背靠墙站立，尽量使头部、双肩、臀部、小腿和脚后跟都靠到墙，收腹挺胸，保持15分钟，每天至少一次。

2. 坐姿训练

正确的坐姿：①入座稳而轻。正式场合,应从椅子的左边入座,从左边离座。无论什么坐具,均不可坐得太满,坐到 2/3 或 1/2 左右。入座后,不能急于靠椅背,谈话时间久了,可轻靠椅背,上体仍需正直。②入座后,保持上体正直,神态自然。双手可自然放于双膝上,也可置于坐具扶手上,手心都要向下。女士双膝自然并拢,双腿可正放也可侧放；男士两膝间可分开一拳左右的距离,不能超出双肩。③与人交谈时,身体略前倾,以示尊重与专注。④离座时也要稳健轻巧。右脚向后撤半步,自然起立。

坐姿训练方法：平时可利用在教室上课、自修等时机按照以上标准进行练习,也可设置场景来组织模拟训练。

3. 行姿训练

正确的行姿可参考以下要求：①头部端正,双眼平视前方；上体正直,挺胸收腹；精神饱满。②步履稳健轻盈,富有节奏感；步幅一致,速度适中。③肩部放松,双臂摆动自然有力,幅度适中。

行姿训练方法：沿直线走路。

训练设计

1. 站姿训练

（1）20 分钟站立练习。

（2）观看某晚会,观察主持人的站姿,指出其正确与不正确之处,并谈谈自己的体会。

2. 坐姿训练

（1）设置各种场合,训练不同的坐姿。例如：①熟人间交谈；②座谈会；③家里；④开会；⑤主席台就座；⑥受访。

（2）观看访谈类节目,观察主持人与受访者的坐姿,并加以评论。

3. 行姿训练

（1）模仿受奖者上台领奖,注意行姿的变化。

（2）同学之间互相观察并指出各自存在的问题。

第 4 章　演讲稿的设计训练

✦ 本章实训安排

模块 1　演讲稿的准备　　　　　　　　　　　　1 学时
　　实训任务 1　了解听众
　　实训任务 2　选择话题
　　实训任务 3　收集资料
　　实训任务 4　确定演讲目的
　　实训任务 5　熟悉会场
模块 2　演讲稿的搭建架构　　　　　　　　　　3 学时
　　实训任务 1　确定主题与搭建架构
　　实训任务 2　演讲开头设计
　　实训任务 3　演讲结尾设计
总学时：　　　　　　　　　　　　　　　　　　4 学时

模块 1　演讲稿的准备

一场演讲准备是很重要的，演讲稿设计前要做充分的准备，它的一般程序如下：了解听众、确定话题、收集资料、确定演讲目的、熟悉会场、设计演讲稿、试讲、正式演讲。

实训任务 1　了解听众

训练目标

（1）了解听众心理和听众构成。
（2）掌握收集听众资料的方法。

训练内容

1. 了解听众心理

听众的心理主要有以下 4 个特点。
（1）听众对信息的接受具有选择性。首先是选择性注意，即只注意那些他们已知、有兴趣、有关系或渴望了解的部分;其次是选择性记忆,即容易记住那些自己愿意记住的信息,忘记那些自己不喜欢的信息;最后是选择性接受,即愿意接受那些与自己一致的观点。

(2) 自我中心的功利目的。听众往往考虑那些与他们切身利益密切相关的事情,如晋升职务、调整工资、购买住房等话题总是比人口普查、计划生育、理论学习等话题更引人关注。因此,演讲者应充分注意听众的兴趣和利益,不论何种类型的演讲,都应从听众角度精心选择和设计演讲的主题、事例和表达方式。

(3) 持续时间有限的注意力。实验报告显示,人类注意力的持续时间非常有限。以一个单位对象为标准,一般人注意力的持续时间大约只有3~24秒。

(4) 听众心理是独立意识与从众心理的矛盾统一。听众心理既有独立思考、不唯上、不唯书的独立意识的一面;又有受其他听众影响而改变自己看法的一面。演讲中,往往出现数人笑众人皆笑,数人鼓掌众人皆鼓掌,数人打哈欠众人皆有睡意的现象。

2. 了解听众构成

从参加演讲会的目的来看,听众大致可分为以下几种类型:慕名而来、求知而来、存疑而来、捧场而来、娱乐而来、不得不来。在演讲实践中,人数的多寡、男性女性的比例、文化水平的高低、职业的差别等,也会对演讲产生不同的影响,因此,演讲者需从各种途径了解听众的成分构成并采取相应的演讲方案。

3. 收集听众资料的方法

收集听众资料的方法:①收集你所观察或征求到的信息资料;②询问联系人;③对听众人口统计资料做出明智的推测。

如果你不能通过任何其他方法取得信息,那么必须依据间接信息做出明智的推测,如某个社区的一般人口构成是什么或哪种人可能来听你有关某话题的演讲等。

案例分析

林肯曾说过:"即使是有实力的人,若缺乏周全的准备,也无法做到有系统、有条理的演说。"林肯当年在葛底斯堡烈士公墓落成典礼仪式上所做的演讲就是一个因准备充分而获得巨大成功的典范。他用了两周时间反复琢磨,不断修改删减,多次试讲排练,并虚心听取意见,最后仅以简洁凝练的10句话做了这次符合身份、切合场景地点又满足听讲双方感情愿望的名垂青史的演讲。

问题:自己找著名的林肯的《在葛底斯堡的演讲》演讲稿,熟读并赏析。

分析:_____

_____

_____

训练设计

假定你校要举办一个演讲比赛,听众是你所在系的大一新生,请你展开调查,了解听众心理和听众构成。

听众构成：_____

_____

_____

听众心理：_____

_____

_____

实训任务 2　选择话题

训练目标

掌握可选择的几种话题，根据听众的情况选择合适的话题。

训练内容

1. 听众喜欢的话题

听众喜欢的话题主要有：①满足求知欲的话题；②刺激好奇心的话题；③事关听众利益的话题；④有关信仰和理想的话题；⑤娱乐性话题；⑥满足听众优越感的话题。

2. 演讲者最熟悉、最热爱的话题

"感人心者，莫先乎情"，演讲者如果衷心地相信某件事，并热切地宣传它，便容易获得听众对这个话题的认同和热爱。演讲者自己充满了对演讲主题的"情"，才能激起听众强烈的"感"。因此，演讲者最好选择那些自己熟悉并坚定不移地信仰的话题，如果要就某个不熟悉的话题发表演讲，事前应该充分地收集资料，以便熟悉这个话题并全身心地热爱它。

3. 从演讲现场发掘话题

演讲，特别是即兴演讲，在准备时间很短或几乎没有时间准备的情况下，从演讲现场发掘话题是一个切实可行的办法，主要有：临场触发式、胚芽孕育式、问题凝练式、角度更新式。

案例分析

我国演说家选手马丁的一场演说《父与子的战争》，前半场讲父子之间如何的较劲，父亲事事不认可自己儿子，自己也看不惯父亲，引得全场笑声阵阵，气氛热烈。后半场却让观众泪水涟涟，感动不已。其中讲到父亲临终时候的情景如下：

时间到了 2012 年，我爸病了，癌症！把他送进医院之后几天，我的女儿马琪朵出生了，我给他看照片，我爸特高兴，笑得合不拢嘴说："哎呀，我这大孙女真漂亮，一看就是我们马家人，不行，我得赶紧出院，我哪怕就抱她一下、亲她一下，我就可以瞑目了。"我就说："爸，你说什么呢？你肯定很快就好了，然后你就出院了，然后你就陪着孙女一起长大。"我爸听了我说这话之后那几天饭量明显变好，脸色也红润了很多。

我就看着天空暗暗地祈祷：老天爷，请你保佑我爸，让我爸真的能好起来，我跟他作战还没作够呢！可惜老天爷没能听到我的祈祷，我爸的病情恶化得很快，他被送进了ICU，戴上了呼吸器，别说回家了，连说话都说不了。我内心清楚地知道，我爸跟我在一起的日子不会太多了，但是他有一个愿望，我要帮他完成这个愿望。我要把我的女儿抱到医院去让他看一眼，我一定要这样做，所有人都反对，我妈、我姐、我太太、医生也不同意说："你干吗呀，重症ICU啊，你把一个未满月的孩子抱进去万一传染了什么病毒怎么办？你疯了吗？"我就是疯了，我当时就像疯了一样去跟所有人作战，试图说服每一个人。我去找院长说："求求你了，我不能让我爸带着遗憾走，我一定要做这件事，我给你下跪行不行。"我成功了，他们同意了。然后我来到我爸的病床前，我看着他，他那个时候神志已经有点不清醒了，我就轻轻地把他摇醒。我说："爸，我现在就回家，我把马琪朵给你抱来，让你看看她，好不好！"我爸的眼睛一下就亮了，特别的清澈。我知道他特别高兴、特别期待，然后我就跟他说："爸，你别睡着了，你千万别睡着了，我马上就回来！"我爸特别想说话，他盯着我的眼睛，但是他说不出来，然后他用尽了全身的力气做了一个特别轻微的动作，左右摇了一下头。我说："怎么了？爸，你不想见你孙女了吗？"然后，我爸又左右摇了一下头，他就是这么的固执，生命最后一刻了，他还固执的为了自己孩子的孩子的健康要拒绝自己最后的一个心愿。我说："不行，爸，这事你得听我的，我必须这样做！"我爸就看着我，就一直这样地看着我，我就哭着坐在他的床边，拉着他的手说："爸，你听我的话，我再也不跟你作对了，但是这回请你听我的。"僵持了很久，我跟他说："我听你的！"

我知道你是为了我们好，为了我的孩子好，我跟他聊了很多，聊了很多过去从来没聊过的话，我一直想跟他聊天但是我没找到机会，直到最后一个晚上我才跟他说了那么多。我跟他说："爸，你放心，我一定把女儿养好，让她特别健康的长大；爸，你放心，我一定照顾好妈妈，我让她又快乐又健康又长寿；你放心，我一定好好的，你在天上也会为我骄傲的。爸，谢谢你！"我爸没力气了，他不摇头也不点头，他的眼泪顺着眼角不停地流，这就是我和我父亲的最后一次对话。

问题：请问这属于哪类话题？演讲者应如何选择合适的话题？

分析：_____

_____

_____

训练设计

在任务一训练设计的基础上，请为不同听众选择合适的话题。

听众构成：_____

话题：_____

实训任务3 收集资料

训练目标

掌握收集资料的方法,养成随时收集资料的好习惯。

训练内容

1. 利用网络轻松收集资料

先在计算机里建立几个文件夹,看到相关的信息,就把它们存储在对应的文件夹里。如果有非常重要的内容可以把它打印出来,然后放在你的对应主题文件夹中。还可以利用邮箱订阅相关的信息。现在很多网站可以提供资料订阅服务,如百度、Google,你只要把自己感兴趣或认为有用的信息进行订阅,每天就可以迅捷地获得相关的资料。

2. 利用报纸、书籍收集材料

平时在看报、看书的时候遇到有用的信息就把它摘抄下来,然后按照类别放到你的文件夹里。

3. 利用电视、广播收集材料

看电视、听广播不仅是单纯的消遣,还可以在边上准备几张纸或者便笺簿,看到有用的信息或数字就写下来,看到有价值的广告也可以记下来,然后进行整理。

案例分析

美国第十六任总统林肯,经常戴一顶当时流行的高帽子,随时将所见、所闻、所感的材料记在碎纸片、旧信封及破包装纸上,然后摘下帽子,放进里面,再把帽子戴上,闲暇之时,便分门别类加以整理,抄进本子以备用。他的特点是收集材料十分及时。维德摩迪是美国19世纪的大演说家,他准备了许多大信封,封面上标着醒目的标题,倘若遇到好材料,便及时摘录下来,放入相应的信封内。这可算是开分档储存有用材料之先河。

问题:请你想想还有什么收集资料的方法。

分析:＿＿＿＿＿＿＿＿＿＿＿＿＿＿＿＿＿＿＿＿＿＿＿＿＿＿＿＿＿＿＿＿＿＿＿＿＿

＿＿＿

＿＿＿

训练设计

(1) 在自己的计算机中建立几个文件夹,利用邮箱订阅功能收集资料。

(2) 养成随时收集资料的好习惯,随身携带记事本,把有用的资料、新鲜事记录下来。

实训任务 4　确定演讲目的

训练目标

了解成功演讲的 4 个目的,掌握每种演讲目的的不同要求。

训练内容

1. 激励听众的行动

卡耐基口才训练班的教师们曾总结出一个演讲的魔术公式,专门针对激励听众的行动的演讲目的。

（1）尚未涉及演说核心内容前,先举一个具体的实例,通过这个实例,把你想让听众知道的事透露出来。

（2）用明确的语言,叙述你的主旨、要点,将你想让听众去做的事,明白地表达出来。这里的主旨、要点,要注意采用听众最容易了解的方式来表达,一定要是具体的、听众能办到的。

（3）叙述理由,即简要地归纳一下听众按你的要求去做了以后会得到哪些收益或进步。叙理由时,可用一段话或两段话来阐明因采取行动会获得的利益,这个利益应当是实际的,跟实例能对应的,而不是牵强附会。

2. 传播知识或信息

许多演讲都是围绕将要发布的某项信息展开的,听众可以从了解这些消息中受益。而想要有效传播知识或信息有赖于明确的表达能力。明确表达可以借助一些技巧：①用语要生动、形象、具体；②借助图片、幻灯片等视觉元素加以说明。

3. 引起情感的共鸣与理解

这类演讲是以情动人,亲情、友情、爱情都可以。感情必须真挚,要以事实说话,用真情、以实例来感动听众,引起听众正向的反应。

4. 娱乐

这类演讲以轻松幽默的方式来传达主题和信息,可以单纯为了取悦听众,也可以是借助这样的方式达到引起听众注意的目的。

案例分析

今日所谈的是自由地看书、读书,无论是在校、离校、做教员、做学生、做商人、做政客,有闲必读书。读书,可以开茅塞、除鄙见、得新知、增学问、广识见、养性灵。人之初生,都是好学好问,及其长成,受种种的俗见俗闻所蔽,毛孔骨节,如有一层包膜,失了聪明,逐渐顽腐。读书便是将此层蔽塞聪明的包膜剥下。能将此层剥下,才是读书人。并且要时时读书,不然便会鄙吝复萌,顽见俗见生满身上,一人的落伍、迂腐、冬烘,就是不肯时时读书所致。所以读书的意义,是使人较虚心、较通达,不固陋,不偏执。一人在世上,对于学问是这样的：幼时认为什么都不懂,大学时自认为什么都懂,毕业后才知道什么都不懂,中年又以为什么都懂,到晚年才觉悟一切都不懂。大学生自以为心理学他念过、历史地理他也念过、经济科学也都念过、世界文学艺术声光化电他也念过,所以什么都懂。毕业以后,人家问他国际联盟在哪里,他说"我书上未念过",人家又问法西斯蒂在意大利成绩如何,他也说"我书上未念过",所以觉得什么都不懂。到了中年,许多人娶妻生子,造洋楼,有身份,做名流,戴眼镜,留胡子,拿洋棍,沾沾自喜,那时他的世界已经固定了:女子放胸是不道德,剪发亦不道德,社会主义就是共产党,读《马氏文通》是反动,节制生育是亡种逆天,提倡白话是亡国之先兆,《孝经》是孔子写的,大禹必有其人……意见非常之多而且确定不移,所以又是什么都懂。其实是此种人久不读书,鄙吝复萌所致。此种人不可与之深谈。但亦有常读书的人,老当益壮,其思想每每比青年急进,就是能时时读书所以心灵不曾化石,变为古董。

　　读书的主旨在于摆脱俗气。黄山谷谓人不读书便语言无味,面目可憎。须知世上语言无味面目可憎的人很多,不但商界政界如此,学府中亦颇多此种人。然语言无味,面目可憎在官僚商贾则无妨,在读书人是不合理的。所谓面目可憎,不可作面孔不漂亮解,因为并非不能奉承人家,排出笑脸,所以"可憎";胁肩谄笑,面孔漂亮,便是"可爱"。若欲求美男子小白脸,尽可于跑狗场、跳舞场、及政府衙门中求之。有漂亮脸孔、说漂亮话的政客,未必便面目不可憎。读书与面孔漂亮没有关系,因为书籍并不是雪花膏,读了便会增加你的容辉。所以面目可憎不可憎,在于你如何看待。有人看美人专看脸蛋,凡有鹅脸柳眉皓齿朱唇都叫作美人。但是识趣的人若李笠翁看美人专看风韵,笠翁所谓三分容貌有姿态等于六七分,六七分容貌乏姿态等于三四分。有人面目平常,然而谈起话来,使你觉得可爱;也有满脸脂粉的摩登伽、洋因因,做花瓶、做客厅装饰甚好,但一与之交谈,风韵全无,便觉得索然无味。"风韵"二字便由读书而来。性灵可决定面目,此处也说的这个道理。黄山谷所谓面目可憎不可憎亦只是指读书人之议论风采说法。若浮生六记的芸,虽非西施面目,并且前齿微露,我却觉得是中国第一美人。男子也是如是看法。章太炎脸孔虽不漂亮,王国维虽有一条辫子,但是他们是有风韵的,不是语言无味面目可憎的。简直可认为可爱。亦有漂亮政客,做武人的兔子姨太太,说话虽漂亮,听了却令人作呕三日。

　　至于语言无味,都全看你所读是什么书及读书的方法。读书读出味来,语言自然有味,语言有味,做出文章亦必有味。有人读书读了半世,亦读不出什么味儿来,都是因为读不合的书,及不得其读法。读书须先知味。"读书知味",世上多少强读人,听到此语否?这味字,是读书的关键。所谓味,是不可捉摸的,一人有一人胃口,各不相同,所好的味亦异,所以必先知其所好,始能读出味来。有人自幼嚼书本,老大不能通一经,便是食古不化勉强读书所致。袁中郎所谓读所好之书,所不好之书可让他人读之,这是知味的读法。若必强读,消化不来,必生疳积胃滞诸病。

　　口之于味,不可强同,不能因我的所嗜好以强人。先生不能以其所好强学生去读。父亲亦不得以其所好强儿子去读。所以书不可强读,强读必无效,反而有害,这是读书之第一义。有愚人请人开一张必读书目,硬着头皮咬着牙根去读,殊不知读书须求气质相合。人之气质各有不同,英人俗语所谓"在一人吃来是补品,在他人吃来是毒质"。因为听说某书是名著,因为,要做通人,硬着头皮去读,结果必毫无所得。过后思之,如做一场噩梦。甚至终身视读书为畏途,提起书名来便头痛。小时候若非有随时扔掉不喜之书之权,亦几乎堕入此道矣!萧伯纳说许多英国人终身不看莎士比亚,就是因为幼年塾师强迫背诵种下的果。许多人离校以后,终身不再看诗,不看历史,亦是旨趣未到学校迫其必修所致。

所以读书不可勉强,因为学问、思想是慢慢胚胎滋长出来。其滋长自有滋长的道理,如草木之荣枯,河流之转向,各有其自然之势。逆势必无成就。树木的南枝遮阴,自会向北枝发展,否则枯槁以待毙。河流遇了矶石悬崖,也会转向,不是硬冲,只要顺势流下,总有流入东海之一日。世上无人人必读之书,只有在某时某地某种心境不得不读之书。有你所应读,我所万不可读,有此时可读,彼时不可读,即使有必读之书,亦绝非此时此刻所必读。见解未到,必不可读,思想发育程度未到,亦不可读。孔子说五十可以学《易》,便是说四十五岁时尚不可读《易经》。刘知几少读古文《尚书》,挨打亦读不来,后听同学读《左传》,甚好之,求授《左传》,乃易成诵。《庄子》本是必读之书,然假使读《庄子》觉得索然无味,只好放弃,过了几年再读。对庄子感觉兴味,然后读庄子;对马克思感觉兴味,然后读马克思。

且同一本书,同一读者,一时可读出一时之味道出来。其景况适如看一名人相片,或读名人文章,未见面时,是一种味道,见了面交谈之后,再看其相片,或读其文章,自有另外一层深切的理会。或是与其人绝交以后,看其照片,读其文章,亦另有一番味道。四十学《易》是一种味道,五十而学《易》,又是一种味道。所以凡是好书都值得重读的。自己见解愈深,学问愈进,愈读得出味道来。譬如我此时重读 Lamb 的论文,比幼时所读全然不同,幼时虽觉其文章有趣,没有真正魂灵的接触,未深知其文之佳境所在。一人背痛,再去读范增的传,始觉趣味。

——选自《大荒集》1934年

问题:阅读林语堂《论读书》中的选段,分析其演讲目的。

分析:_____

_____

训练设计

以青春为题,确定演讲目的,收集材料,设计一个演讲提纲。

实训任务5　熟悉会场

训练目标

了解成功演讲的4个目的,掌握每种演讲目的的不同要求。

训练内容

1. 提前报到

提前到达要演讲的地方,巡视整个会场,了解周围环境有没有其他因素影响演讲效果,如噪声等;确定讲台的位置;辅助工具如何摆放,放在哪里合适;听众的位置是如何安排的,是否有利于交流;灯光够不够亮、场地有多大、你说话的声音应该多大等。

2. 熟悉你要使用的麦克风

了解它怎样开关,练习用它说话,在走路时不要让话筒电线绊倒你。

3. 准备好黑板或多媒体播放设备

如果你需要借助板书的话,就要弄清楚会场有没有黑板或白板,如果有,还要了解是否配备了相应的粉笔、板擦或墨水、充足的白板笔等。如果演讲时要演示电子课件,就要在会场事先准备好计算机和多媒体播放设备,调试到位,并做预演。另外,还要充分考虑会场的灯光亮度来设计多媒体课件的背景颜色,以达到最佳的视觉效果。

4. 与组织者和主持人沟通

明确谁将介绍你,你将站在哪里。把你写好的自我介绍交给主持人,确定他对你的名字发音是否正确。

案例分析

某演讲者来到会场进行演讲,上讲台的时候,由于紧张,讲台高出一块,他没有注意,结果脚下一绊摔了一跤,非常尴尬。

问题:想一想如何避免此种情况发生?

分析:_____

_____

训练设计

(1) 找一个教室或会议室,练习上台和下台,如何上台、如何下台,注意走姿和站姿。熟悉会场。

(2) 练习如何通过笔记本电脑连接多媒体。

(3) 练习写粉笔字。

模块 2　演讲稿的搭建架构

一场演讲准备是很重要的,演讲稿设计前要做充分的准备,它的一般程序如下:了解听众、确定话题、收集资料、确定演讲目的、设计演讲稿、试讲、熟悉会场、正式演讲。

实训任务 1　确定主题与搭建架构

训练目标

(1) 了解确定主题的要求。

(2) 掌握主题的几种组合方式。

训练内容

1. 确定主题的要求

（1）演讲主题应集中。

（2）主题要求鲜明、正确、新颖、深刻。

2. 演讲主题最基本的组合方式

（1）排比式：将演讲主题分解为若干个分题，逐一论证阐述。其结构的优点是条理清晰，富有力量和气势。

（2）对比式：围绕演讲主题，从正反两方面展开论证。其结构的优点是反差强烈、发人深省。

（3）递进式：利用因果、时间、逻辑、情感等关系，各分题循序渐进，最后达到演讲高潮或中心论点。其基本结构如阶梯一般，节节上升。其结构的优点是主题逐层深化，逻辑说服力强。

3. 搭建架构

马克·威斯卡普有一个很好的搭建架构的方法，他是用幻灯片的形式进行的，但是我们可以用卡片，或者是纸都行。

第 1 页：写入"具有行动指向性的演讲标题"。

第 2 页：写入"我的主题句"。

第 3 页：写入"支持性论述 1"。

第 4 页：写入"支持性论述 1：数据/信息"。

第 5 页：写入"支持性论述 1：数据/信息"。

第 6 页：写入"支持性论述 1：故事"。

第 7 页：写入"支持性论述 2"。

第 8 页：写入"支持性论述 2：数据/信息"。

第 9 页：写入"支持性论述 2：数据/信息"。

第 10 页：写入"支持性论述 2：故事"。

第 11 页：写入"支持性论述 3"。

第 12 页：写入"支持性论述 3：数据/信息"。

第 13 页：写入"支持性论述 3：数据/信息"。

第 14 页：写入"支持性论述 3：故事"。

第 15 页：写入"我的主题句：重复"。

第 16 页：写入"具有行动指向性的演讲标题"（还可以更多）。

这是一个具有多重目标的提纲和模板，可以很轻松地组织你的想法和观点。这个模板呈现出如下结构。

引言：第 1～2 页。

演讲主体：第 3～14 页。

大总结：第 15～16 页。

4. 正确的准备方法

不可以逐字逐句背诵的方法来准备,一旦其中一句想不起来就满盘皆输。我们可以借助演讲大纲来准备。只要记住那个模板:这个演讲的主题是什么,我用几个支持性论述来支持,中间要引用哪些数据/信息,哪些事例(故事)就行了。

案例分析

在马克思墓前的讲话

恩格斯

1883年3月14日下午两点三刻,当代最伟大的思想家停止思想了。让他一个人留在房间里不过2分钟,等我们再进去的时候,便发现他在安乐椅上安静地睡着了——但已经是永远地睡着了。

这个人的逝世,对于在欧美战斗着的无产阶级、对于历史科学,都是不可估量的损失。这位巨人逝世以后所形成的空白,在不久的将来就会使人感觉到。

正像达尔文发现有机界的发展规律一样,马克思发现了人类历史的发展规律,即历来为繁茂芜杂的意识形态所掩盖着的一个简单事实:人们首先必须吃、喝、住、穿,然后才能从事政治、科学、艺术、宗教等。所以,直接的物质的生活资料的生产,因而一个民族或一个时代的一定的经济发展阶段,便构成为基础;人们的国家制度、法的观点,艺术以至宗教观念,就是从这个基础上发展起来的。因而,也必须由这个基础来解释,而不是像过去那样做得相反。

不仅如此,马克思还发现了现代资本主义生产方式和它所产生的资产阶级社会的特殊的运动规律。由于剩余价值的发现,而先前无论资产阶级经济学家或社会主义批评家所做的一切都只是在黑暗中摸索。

一生中能有这样两个发现,该是很够了,甚至只要能作出一个这样的发现,也已经是幸福的了。但马克思在他所研究的每一个领域(甚至在数学领域)都有独到的发现,这样的领域是很多的,而且其中任何一个领域他都不是肤浅地研究的。这位科学巨匠就是这样,但这在他身上远不是主要的。在马克思看来,科学是一种在历史上起推动作用的、革命的力量。任何一门理论科学中的每一个新发现,即使它的实际应用甚至还无法预见,都使马克思感到衷心喜悦。但是当有了立即会对工业、对一般历史发展产生革命影响的发现的时候,他的喜悦就完全不同了。例如,他曾经密切地注意电学方面各种发现的发展情况,不久以前,他还注意了马赛尔·德普勒的发现。

因为马克思首先是一个革命家。他毕生的真正使命,就是以这种或那种方式参加推翻资本主义社会及其所建立的国家设施的事业,参加现代无产阶级的解放事业,正是他第一次使现代无产阶级意识到自身的地位和需要,意识到自身解放的条件——这实际上就是他毕生的使命。斗争是他的生命要素。很少有人像他那样满腔热情、坚韧不拔和卓有成效地进行斗争。最早的《莱茵报》(1842)、巴黎的《前进报》(1844)、《德意志—布鲁塞尔报》(1847)、《新莱茵报》(1848—1849)、《纽约每日论坛报》(1852—1861),以及许多富有战斗性的小册子,在巴黎、布鲁塞尔和伦敦各组织中的工作,最后是创立伟大的国际工人协会,作为这一切工作的完成——老实说,协会的这位创始人即使别的什么也没有做,也可以拿这一结果引以为自豪。

正因为这样,所以马克思是当代最遭忌恨和最受诬蔑的人。各国政府——无论专制或共和政府——都驱逐他;资产者——无论保守派或极端民主派——都纷纷争先恐后地诽谤他、诅咒他。他对这一切毫不在意,把它们当作蛛丝一样轻轻抹去,只是在万分必要时才给予答复。现在他逝世了,在整个欧洲和美洲,从西伯利亚矿井到加利福尼亚,千百万革命战友无不对他表示尊敬、爱戴和悼念。而我敢大胆地说,他可能有过许多敌人,但未必有一个私敌。

他的英名和事业将永垂不朽!

问题:概括出《在马克思墓前的讲话》的主题。

分析:_____

_____

训练设计

以诚信为话题用马克·威斯卡普的搭建架构法设计一个演讲提纲,然后小组讨论,预讲,互相提出改进建议。

第1页:写入"具有行动指向性的演讲标题"。
_____

第2页:写入"我的主题句"。
_____

第3页:写入"支持性论述1"。
_____

第4页:写入"支持性论述1:数据/信息"。
_____

第5页:写入"支持性论述1:数据/信息"。
_____

第6页:写入"支持性论述1:故事"。
_____

第7页:写入"支持性论述2"。
_____

第8页:写入"支持性论述2:数据/信息"。
_____

第9页:写入"支持性论述2:数据/信息"。
_____

第 10 页：写入"支持性论述 2：故事"。

第 11 页：写入"支持性论述 3"。

第 12 页：写入"支持性论述 3：数据/信息"。

第 13 页：写入"支持性论述 3：数据/信息"。

第 14 页：写入"支持性论述 3：故事"。

第 15 页：写入"我的主题句：重复"。

第 16 页：写入"具有行动指向性的演讲标题"。

实训任务 2　演讲开头设计

训练目标

（1）了解演讲开场白的重要性。
（2）掌握演讲开头的几种方法。

训练内容

1. 以故事开头

通过一个与演讲主题有密切关系的故事或事件开头，以生动有趣的故事或事件打动听众，增强吸引力。

2. 以开门见山式开场

演讲者开宗明义，用简洁凝练、充满激情的语言，不转弯抹角，不过多渲染铺垫，直截了当，将听众的思绪集结到演讲的中心议题上，激起了听众对演讲主要内容的思考兴趣。

3. 以自嘲、幽默开场

诙谐幽默的开头不仅能较好地彰显出演讲者的智慧和才华，增强语言的美感，而且能使听众在轻松愉快的气氛中不自觉地进入角色，接受演讲内容。使用幽默式开场白要把握好"度"，切忌使用低级庸俗的笑话或粗俗的语言。

4. 以制造悬念开场

人都有好奇之心，一旦激发了听众的好奇心，就能吸引听众的注意，促使听众尽快进入演讲者的主题框架。以制造悬念开场就能达到这样的效果。还有一种设置悬念的方法是提问。例如：

人是从哪里老起？（听众纷纷作答，有的人说人从脚老起，有的人说从大脑老起，会场气氛十分活跃）我看有的人从屁股老起。（全场哄堂大笑）某些干部不深入实际，整天泡在会海里，坐而论道，那屁股可造孽了。又要负担上身的重压，又要与板凳摩擦，够劳累的了。如此一来，岂不是屁股先老吗？

5. 以道具展示开场

这种开场方式就是演讲者在开始演讲前展示一种实物，给听众一个新鲜、感性的直观印象，从而引起听众注意。

6. 以名言经典开场

名人名言、格言、警句、歌词、谚语、诗词等语言简洁优美，文化积淀深厚、极富哲理，启迪性强，永远具有引人注目的力量。恰当地引用名言警句，实为演讲开头的好方法。

注：作为开场白的被引用材料，必须极其精彩，具有相当强的概括力、说服力和感染力。而且，被引用材料要出自权威、名人或听众十分熟悉的事情。

案例分析

1984年洛杉矶奥运会上，我国运动员夺得了15枚金牌、8枚银牌、9枚铜牌，成绩辉煌。奥运会结束后，一位有识之士发表了《看了金牌之后》的演讲，演讲稿是这样开头的。

有一段相声说，在李莲英大总管红紫当朝的年月，中国曾派出过体育代表团参加奥运会。这位只会喊"喳"的"小李子"不懂什么是国歌，于是以《贵妃醉酒》代替；而且选了飞檐走壁的大侠去跳高，选了皇宫里传旨的小太监参加短跑；找了几个北京天桥变戏法的，每个怀里揣一个篮球去和洋人比赛，结果把篮球变来变去，不见传球，只见入网。从那以后打篮球的都穿背心、裤衩，就是吃了李莲英的亏才做出的国际性规定。这段相声使我捧腹不已，然而也让人觉得有些解嘲的味儿，跟阿Q说的"先前阔"有点相近。实际上，中国人首次参加奥运会是在52年前，运动员仅有一员，"硕果"是一个"鸭蛋"。然而52年后，还是在天使之城的洛杉矶，我国运动健儿夺得了15枚金牌、8枚银牌、9枚铜牌，名列金牌总数第四位。这可不是相声，是事实。倘若要论起走向世界，大胆革故鼎新，我当推体育界……

问题：请问此演讲用了哪种开场方法？

分析：_____

_____

_____

训练设计

（1）以"爱的奉献"为话题设计一个开头，然后小组讨论取长补短。

设计内容：_____

小组讨论意见：_____

（2）找一篇演讲词名篇阅读并体会开头的妙处。

实训任务3 演讲结尾设计

训练目标

(1) 了解演讲结尾的重要性。
(2) 掌握演讲结尾的几种方法。

训练内容

1. 以总结结尾

在演讲结束时对整个演讲内容作出提纲挈领式的归纳和概括,再次敲击听众的心扉,可以帮助听众填补一些前面他们没有完全领会的信息空白,从而对你的演讲加深印象。

2. 以故事结尾

结束的时候讲一个意味深长的故事,会让听众觉得你的演讲意犹未尽,回味无穷。同时,还可以利用故事的含义提升演讲的全部内容,让听众深刻体会演讲的内涵。

3. 以名言结尾

以名言结尾同以名言开场一样具有相同的效果。用铿锵有力的名言结尾,把演讲者对演讲主题的思索或结论浓缩在一两句格言中,既有力地结了尾,又使听众受到深刻的启迪和教育。

4. 以诗词、对联结尾

对联是一种对仗、押韵的对偶句,朗朗上口,它是我国传统文化的瑰宝。用在演讲的结尾可以使演讲锦上添花,令人回味无穷。诗词含义深远、韵味无穷,有些诗词还气势磅礴、气吞山河,在演讲的结尾用诗词也会增强演讲的感染力。

5. 以幽默的方式结尾

在演讲结尾时以幽默的方式让听众轻松愉快同样会给他们留下很深的印象。

案例分析

帕特里克·亨利是美国独立战争时期著名的政治家。1775年3月23日,亨利在弗吉尼亚州议会上发表了被誉为"美国独立战争的导火索"的演讲,演讲的最后部分以震撼人心的气势和斩钉截铁的言辞表达了一个伟大爱国者的浩然正气。

回避现实是毫无用处的。先生们会高喊:和平!和平!但和平安在?实际上,战争已经开始,从北方刮来的大风都会将武器的铿锵回响送进我们的耳膜。我们的同胞已经身在疆场了,我们为什么还要站在这里袖手旁观呢?先生们希望的是什么?想要达到什么目的?生命就那么可贵?和平就那么甜美?甚至不惜以戴锁链、受奴役的代价来换取吗?全能的上帝啊,阻止这一切吧!在这场斗争中,我不知道别人会如何行事,至于我,不自由,毋宁死!

问题:请问此演讲用了哪种结尾方法?

分析：_____

_____

_____

训练设计

（1）以"爱的奉献"为话题设计一个结尾，然后小组讨论取长补短。

设计内容：_____

小组讨论意见：_____

（2）以环境保护为话题设计演讲结尾。

第 5 章 命题演讲训练

本章实训安排

模块 1　命题演讲的程序　　　　　　　　　　1 学时
模块 2　命题演讲的技巧　　　　　　　　　　1 学时
　　实训任务 1　命题演讲的类型
　　实训任务 2　命题演讲的技巧训练
总学时：　　　　　　　　　　　　　　　　　2 学时

模块 1　命题演讲的程序

训练目标

掌握命题演讲的程序,并能熟练运用。

训练内容

1. 酝酿、构思阶段

这是一个十分艰难的创作过程,可以毫不夸张地说,命题演讲的酝酿、构思就是一次复杂的艺术创作过程。它包括确立主题、选择材料、设计程序等,直到形成演讲稿这一过程才宣告结束。在这个阶段中,不但要考虑主题的适时性(符合时代的要求和听众的喜好),也要权衡材料的生动性与代表性,还要突出个性与风格。因此,演讲稿最好坚持由演讲者亲自撰写,这样才能形成演讲者独特的个人风格,演讲中也更容易有真情实感,从而更易于和听众进行心灵的沟通。

2. 演练阶段

登台之前,要反复练习,这对初次登台演讲的人来说至关重要。一方面是为了检验讲稿设计的情况,另一方面是让演讲者提前进入角色调节心理和生理的适应能力。

3. 演讲阶段

演讲,不仅要讲,而且要"演"。讲是运用有声语言,"演"是运用无声语言,即肢体语言、眼神、表情、动作等。演讲是以有声语言为主,辅之以无声语言,两者相辅相成,相得益彰,缺一不可。

案例分析

　　口才并不是一种天赋的才能,它是靠刻苦训练得来的。古今中外历史上的一切口若悬河、能言善辩的演讲家、雄辩家,他们无一不是靠刻苦训练而获得成功的。

　　日本前首相田中角荣,少年时曾患口吃,但他不被困难吓倒。为了克服口吃,练就口才,他经常朗诵、慢读课文,为了准确发音,对着镜子纠正嘴和舌根的部位,严肃认真,一丝不苟。

　　我国无产阶级革命家、演讲家萧楚女,正是因为其平时的艰苦训练,才练就了非凡的口才。萧楚女在重庆国立第二女子师范学校教书时,除了认真备课外,每天天刚亮就跑到学校后面的山上,找一处僻静的地方,把一面镜子挂在树上,对着镜子开始演讲,从镜子中观察自己的表情和动作,经过这样的刻苦锻炼,他掌握了高超的演讲艺术,教学水平也随之提高。

　　我国著名的数学家华罗庚,不仅有超群的数学才华,而且也是一位不可多得的"辩才"。他从小就注意培养自己的口才,背诵唐诗五百首,以此来锻炼自己的口才。

　　这些名人与伟人为我们训练口才树立了榜样,我们要练就一副过硬的口才,就必须向他们一样,一丝不苟,刻苦锻炼。正如华罗庚所说:"勤能补拙是良训,一分辛苦一分才。"练口才不仅要刻苦,还要掌握一定的方法。科学的方法可以使你事半功倍,加速你的口才形成。当然根据自己情况不同,练就口才方法也有所差异,选择适合自己的方法,加上持之以恒的锻炼,那么你会在通向"口才家"的大道上迅速成长起来。

　　问题:请结合案例分析,如何成为优秀的演讲者?
　　分析:

训练设计

　　(1)请讲一个你比较熟悉的小故事,和团队同学分享,要求绘声绘色,注意仪态。

　　(2)根据关键词:亲情、友情、爱情,选择其一,设计一个演讲的开头。

模块2　命题演讲的技巧

命题演讲是演讲者借助有声语言和体态语言,发表个人见解、阐明事理、感召听众、教育听众的一种实践活动。在历史上的很多关键时期,都涌现出大批的演讲家,一次伟大的演讲在一定程度上甚至可以决定一个国家、一个民族的命运。

实训任务1　命题演讲的类型

训练目标

掌握命题演讲的类型,并能熟练运用。

训练内容

1. 定题演讲

定题演讲是指要求演讲者根据事先确定的题目进行演讲。这种演讲对演讲的主题和内容都做了较严格的限制,例如,为纪念中华人民共和国成立70周年而举办的《祖国在我心中》演讲比赛,所有参加演讲的选手都必须使用《祖国在我心中》这一题目,而演讲的主题也必须围绕歌颂祖国这一点而展开。同时在演讲中必须要有个人的真实经历和感受,以向听众说明祖国为什么在我心中。因为命题演讲的限制严格,可以说是对演讲者个人演讲基本素质的重大考验。

注:作为一名演讲者,只有在付出努力的汗水之后,才有机会体会掌声响起时的感慨与激动。

2. 自拟题目演讲

自拟题目演讲是指要求演讲者在给定的范围自拟题目进行演讲。这种形式相对自由度比较高,演讲者可以根据需要拟定适合自己的题目。但是它仍然被严格限定了范围,演讲的内容仍必须符合范围内的有关主题要求。仍以学校为纪念中国建国70周年而举办演讲比赛为例,在这次演讲比赛中学校仅要求将演讲作为祖国70岁生日的献礼,演讲题目由参赛者自拟。那么演讲者就可以选择《祖国在我心中》《东方巨龙的腾飞》《70年感动》等为题进行演讲。虽然题目各有不同,但是主题都是围绕着歌颂祖国而进行的。

案例分析

勤能补拙

同学们,在日常生活中,我们常常听到有人叹息自己天生笨拙、成就不了大器。其实,我认为这种叹息是没有必要的。常言道,勤能补拙,这就是说,天资差,是可以用后天的努力来补偿的。

而事实难道不正是如此吗?

梅兰芳年轻的时候去拜师学艺,师傅说他生就一双死鱼眼,灰暗、呆滞,根本不是学戏的材料,拒不收留。然而,天资的欠缺没有使梅兰芳灰心,反而促使他更加勤奋。他喂鸽子,每天仰望天空,双眼紧跟着飞翔的鸽子,穷追不舍;他养金鱼,每天俯视水底,双眼紧随着遨游的金鱼,寻觅踪影。后来,梅兰芳那双眼睛变得如一汪清澈的秋水,熠熠生辉、脉脉含情,终于成为著名的京剧大师。

闻名世界的大发明家爱迪生,相信大家都不会陌生吧!那个在上小学的时候就被老师称为"智能低下"的人,只上了3个月的学,就被迫离开了学校。但是,他不因此而丧失信心,而是以顽强的意志勤奋学习,最后终于成了举世闻名的大发明家。

再让我们看一个平凡而简单的事例。

有一个小男孩,在上小学时,老师教的算术题别的同学很快就能算出来,而他则要想很久才能得出结果,而他的答案很多次都是错的;甚至在上体育课时,老师喊向右看齐时,他的头是朝左转的。那时,同学们都嘲笑他,说他太笨,连老师也说他反应太迟钝,而他自己也觉得很难堪。但是后来他想:别人能做到的,难道我就做不到吗?于是在上课时他开始认真地听讲,仔细钻研书本,在闲暇的时候,就仔细体会左、右的动作。终于,他的算术成绩有了大幅度的提高,他不仅练会了向右看齐,还学会了向左转、向右转和向后转。

也许你会说这个事例太简单、太纯粹,可是同学们,不要忘了,其实很多浅显的道理就是这么显而易见地藏于小事中的。

由此可见,一个天资笨拙的人,只要能勤勤恳恳,做到"人一能之,己百之;人百能之,己千之",就能变得聪明起来,成为对社会有用的人才。

但反过来说,一个人即使天资再好,若不勤奋求学,也是不能成才的。在宋代,有个神童名叫仲永,五岁便会作诗,被乡里称为奇才,可谓聪明过人。但他出名后,就不再勤奋上进,而是整天由他父亲带着到处吃喝玩乐,结果诗才枯竭,终于"泯然众人矣"。类似这样的例子,在现实生活中也是屡见不鲜。我的一个同学,由于勤奋好学,升中学的成绩名列全班之首,亲朋好友都夸他是个聪明的孩子。可是一年之后,他的成绩排在全班倒数第六,他的母亲生气地说:"真是笨蛋!"其实他哪里是笨,只不过是在一片夸赞声中变得骄傲了,不像过去那样勤奋了。

华罗庚教授有句名言:"勤能补拙是良训,一分辛劳一分才。"希望那些自认为没有天赋的朋友们不要太悲观,要相信天才在于勤奋,只要自己肯在"勤"字上下工夫,朝着美好的目标坚持走下去,是可以成才的!

问题:结合案例分析该定题演讲有哪些特点?你得到了哪些启示?
分析:

训练设计

1. 定题演讲训练

请分别从5个不同的方面解读下列题目。

方法：根据所给定的题目展开联想,结合你的生活经历及社会现实对给定的题目进行解读,使你的演讲内容符合听众的审美情趣,吸引听众的注意力,并引起他们的共鸣。要求每个给定的题目至少从 5 个不同的角度去解读。

(1) 做一个有责任感的中国人

(2) 不抛弃,不放弃

(3) 一屋不扫何以扫天下

(4) 象牙塔与蜗牛庐

(5) 性格决定命运

(6) 展开梦想的翅膀

2. 自拟题目演讲训练

请仔细阅读下面的几个小故事,并根据每个故事的内容,确立3个不同的演讲题目。

方法:通过对故事内容的理解和掌握,结合自己的所得所感及实际生活,确立不同的论点及论据。然后对众多的论点进行分析,最后挑出自己最能驾驭并能打动听众的几个演讲题目。

(1) 风与太阳

北风与太阳两方为谁的能量大相互争论不休。他们决定,谁能使行人脱下衣服,谁就胜利。北风一开始就猛烈地刮,路上的行人紧紧裹住自己的衣服。风见此,刮得更猛了。行人冷得发抖,便添加更多的衣服。风刮疲倦了,便让位给太阳。太阳最初把温和的阳光洒向行人,行人脱掉了添加的衣服。太阳接着把强烈的阳光射向大地,行人们开始汗流浃背,渐渐地忍受不了,脱光了衣服,跳到了旁边的河里去洗澡。

(2) 一只眼睛的鹿

有一只瞎了一只眼睛的鹿来到海边吃草,它用那只好的眼睛注视着陆地,防备猎人的攻击,而用瞎了的那只眼睛对着大海,它认为海那边不会发生什么危险。不料有人乘船从海上经过看见了这只鹿,一箭就把它射倒了。它在将要咽气的时候,自言自语地说:"我真是不幸,我防范着陆地那面,而我所信赖的海这面却给我带来了灾难。"

(3) 狼与鹭鸶

狼误吞下了一块骨头,十分难受,四处奔走,寻访医生。它遇见了鹭鸶,谈定酬金请它取出骨头,鹭鸶把自己的头伸进狼的喉咙里,叼出了骨头,便向狼要定好的酬金。狼回答说:"喂,朋友,你能从狼嘴里平安无事地出来,难道还不满足,怎么还要讲报酬?"

(4) 老猎狗

有一条老猎狗,它年轻力壮时从未向森林中的任何野兽屈服过。年老后,在一次狩猎中,遇到一头野猪,它勇敢地扑上去咬住野猪的耳朵。由于它的牙齿老化无力,不能牢牢地咬住,野猪逃跑了。主人跑过来后大失所望,痛骂了它一顿。年老的猎狗抬起头来说:"主人啊,这不能怪我。我的勇敢精神和年轻时是一样的,但我不能抗拒自然规律。从前我的行为受到了你的称赞,现在也不应该受到你的责备。"

(5) 狮子与报恩的老鼠

狮子睡着了,有一只老鼠跳到了它的身上。狮子猛然站起来,把老鼠抓住,准备吃掉它。老鼠请求饶命,并说如果能保住性命,必将报恩。狮子轻蔑地笑了笑,便把它放走了。不久,狮子的性命真的被老鼠救了。原来狮子被一个猎人抓获,并用绳索把它捆在一棵树上。老鼠听到了它的哀号,便走过去咬断绳索,放走了狮子,并说:"你当时嘲笑我,不相信能得到我的报答,现在你明白了吧,老鼠也能报恩。"

实训任务 2　命题演讲的技巧训练

命题演讲不仅要主题突出、论点鲜明、论据确凿、论证严谨,而且要求讲究开头和结尾技巧、修辞手法和结构层次等。在命题演讲中,"题"是整篇演讲的中心或灵魂,整篇演讲的语言组织、结构布局、出发点、归宿点,都必须紧紧围绕这个中心或灵魂来进行。

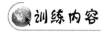

掌握命题演讲的技巧,并能熟练运用。

训练内容

1. 开头精彩

命题演讲的讲稿制作要尤其精心、细致,从开头到结尾凝结着演讲者的智慧。好的开头,就是所谓的"凤头",听众反应热烈,会增加演讲者的信心。能在最短的时间里吸引听众的演讲开头就是好开场,它在演讲中起着至关重要的作用。"良好的开端是成功的一半",可以说,成功的演讲都会有精彩的开头。常用的开头方法有开门见山法、制造悬念法、欲扬先抑法、引用名言警句法等。

注:历来著名的演讲家都煞费苦心,希望在演讲的开头就能牢牢抓住听众,为自己的演讲奠定成功的基础。

2. 内容翔实

讲稿尤其注重材料的选择和思想的表述。文章结构严谨,论点鲜明,论据充分。并多采用叙议结合的写作手法,虚实相生、疏密相间、跌宕有致、主干鲜明、节奏明快。命题演讲,既不像即兴演讲那样瞬息即逝,也不像论辩演讲那样随机应变。它的内容翔实,思想精湛,艺术形式完美,因而一经形成,便相对地稳定。它所受时境的限制较少,内容因时境而变化的可能性也相对要少一些。

注:历史上许多演讲名篇,正是以其深刻的思想和独特的艺术形式而永葆青春,直到今天仍被人们广泛研读。

3. 针对性强

命题演讲的"题"总是有针对性的,"题"是有所指的。例如,对当前工作学习中的薄弱环节,需要指出并加以克服;社会上出现一种倾向,需要提醒大家注意;听众普遍关心、讨论最多的热点问题,需要给予正确的回答和引导;生活中流行的错误观点、错误思想需要指正;优秀的、创新的意识需要提倡;等等。

注:实践证明,演讲者越是熟悉社会、了解听众,演讲就越有针对性。演讲的针对性越强,效果就越好。

4. 控制气氛

演讲者应根据演讲场合的需要,对自己的着装打扮进行设计,可以说在任何细节上都要争取完美。甚至对演讲者的语音语调、语速快慢等都要作出精心安排。演讲活动是演讲者与听众面对面的一种交流和沟通。要充分考虑到演讲时可能出现的各种问题,以及应付各种情况的对策,要体现出必要的控场技巧。

注:在演讲过程中,除了根据现场情况,临时采取一定的应变措施之外,很少改变演讲者原先的设计,随意性比较小。

5. 结尾深刻

演讲不能虎头蛇尾,而要有一个让听众深刻回味的"豹尾"。因为演讲的结尾,是演讲结构中的重要部分。好的结尾,可以使演讲回味无穷,为演讲增添光彩。成功的演讲者,都希望结尾时再给听众留下一个精彩的印象,为了达到这个目的,演讲者可以通过讲述发人深省的故事、名人名言、诗文等来加强力量,达到"余音绕梁,三日不绝"的效果。

案例分析

用绿色装点祖国山河

同学们,当你坐在环境幽雅、窗明几净的教室里学习;当你漫步在水清倒影的湖畔,注目波光粼粼的水面;当你徘徊在桃红柳绿之下,倾听着那悦耳的莺声燕语的时候,也许会感到很惬意,此时此刻,你绝不相信,这秀丽的山川、美妙的景物有一天会离你而去。

谁不想生长在一个富强安定的国度,谁不希望有一个舒适优美的环境,然而,目前我们却面临着严重的绿色危机!

据统计,目前我国沙漠、戈壁及沙漠化土地共149.6万平方千米,占全国面积的15.5%,其中约有16万平方千米是人为造成的,现在仍以平均每年1560平方千米的速度扩展。而中国最大的长白山林区的森林主体,正以每年3.5万公顷、500万立方米的速度消失。其他地方的林区同样砍伐过量,我国目前砍伐量已超过生产量的50%以上。世界森林覆盖率现为22%,而我国森林覆盖率为12.7%,排世界第120位。

多么触目惊心的数字!

多么鲜明强烈的对比!

多么冷峻严酷的挑战!

沙漠不断扩大,森林逐渐减少,如果听之任之,一味地乱砍滥伐下去,不但蓊蓊郁郁的森林会被茫茫无边的沙漠所代替,而且也将危及人类自身的生存。绿色是生命的象征,破坏绿色就是抹杀生命;保护绿色,就是保护生命,发展生命。

大家知道,森林就是大自然的总调度室,是人类的宝贵财富,它不仅能够调节气候,美化环境,而且可以提供大量木材,保证农牧业生产的稳定发展。国内外经验表明:如果一个国家或地区的森林覆盖率达30%以上,而且分布比较均衡,那么这个国家或地区的生态环境就比较优越,农牧业生产就比较稳定。反之,如果森林遭到破坏,环境就会恶化,导致多种自然灾害的发生,可见,森林对人类来说是何等重要!

作为祖国未来的建设者,面对沙漠的挑战、绿色的危机,岂能无动于衷,袖手旁观,坐以待毙!植树造林,造福后代,是我们每一位同学义不容辞的责任。值此植树节到来之际,同学们,行动起来吧!从我做起,用绿色装点祖国山河,筑起一道新的绿色长城,去创造一个"千里莺啼绿映红"的新的环境。

问题:该演讲具有一定的针对性,请结合案例分析,如何针对热点问题进行演讲?

分析:_____

训练设计

学生会正在进行招新活动,请你按照下面的步骤,准备一份申请加入学生会的演讲稿,时间为5分钟。

方法:首先是审题。可以列出与这个题目有关的全部论点,然后将次要的、没有把握讲清的、可能会出现负面效应的论点删除,将其组合成一个讲述纲要,看看是否能准确、深刻、有针对性地表达题意。然后找出与论点有关的"库存"材料,材料不足就尽快收集。对这些材料应作筛选,将最鲜活、最切题意的材料留下。在此基础上开始全面构思。构思可以从3个方面考虑:一是开头如何不落俗套;二是主体如何条理清晰,重点突出;三是结尾如何给人以启发。最后是撰写并修正。

(1) 审题(请根据题目,列出至少 5 个论点)

_____

_____

_____

_____

(2) 演讲提纲(从上面 5 个论题中选取一个作为演讲主题,列出演讲的结构,即演讲稿分几个部分,每个部分主要将阐述哪些内容等)

_____

_____

_____

_____

_____

_____

(3) 演讲稿开头设置(从下面常用的方法中选择一种进行演讲稿开头的编写,或者自己创造出一种全新的开头方式)

悬念设置法:

_____

_____

故事引入法:

_____

_____

风趣幽默法:

_____

_____

开门见山法:

_____

_____

其他方法:

_____

_____

（4）主体部分设置（从下面常用的结构中选择一种进行演讲稿主体的编写，或者自己创造出一种全新的结构）

纵向深入式：

并列铺陈式：

对比因果式：

迂回递进式：

其他方式：

（5）演讲稿结尾设置（从下面常用的方法中选择一种进行演讲稿结尾的设计，或者自己创造出一种全新的方式，结尾是启发人们思考的新起点，应有催人奋进的力量）

归纳总结法：

提出希望法：

激情呼吁法：

预见未来法：

_____

_____

其他方法：

_____

_____

第6章 即兴演讲训练

✦ 本章实训安排

模块1　即兴演讲主题确定	1学时
实训任务1　临场触发式主题提炼训练	
实训任务2　胚芽孕育式主题提炼训练	
实训任务3　问题凝练式主题提炼训练	
实训任务4　角度更新式主题提炼训练	
模块2　即兴演讲取材	1学时
实训任务1　摘取法取材训练	
实训任务2　观察法取材训练	
模块3　即兴演讲表达技巧	1学时
实训任务1　散点连缀训练	
实训任务2　扩句成篇训练	
总学时：	3学时

模块1　即兴演讲主题确定

主题是即兴演讲最主要、最关键的内容，是整个表达的根本依据。演讲中的每一个层次、每一个段落、每一句话语，甚至每一个词都反映着一个意思，而这些意思，又都统帅在主题之下。主题一旦确定，便为材料的增删取舍创造了条件。表达的主题有鲜明性、唯一性和凝缩性等特点。因此，即兴演讲时要寻找触媒、临场引发，及时提炼出正确而健康、深刻而新颖、典型而突出的主题。

实训任务1　临场触发式主题提炼训练

▣ 训练目标

(1) 掌握临场触发式主题提炼训练方法。
(2) 对照自身情况，找出不足之处。

训练内容

1. 引发联想

我们可以着眼于临场中的某一客观事物的特点与本质,并由此进行主观任意的联想,立即闪现出一种不平常的情绪,然后把它表之于外。如有一位演讲者这样开始他的演讲:"看到刚才这个演讲者做了一个双手合十的动作,不禁使我想起了我们的佛教,想起了佛教历史的源远流长……"

针对生活中的某一现象进行主观任意的联想,将这些联想记录下来,并坚持每天进行一次。

2. 自我强化

开始训练时联想可以比较少,每个现象产生两个不同的联想即可。从第二天开始每天增加两个联想,随着时间推移,联想越来越多,越来越丰富,以此来强化自己的联想能力。

案例分析

秋天,我看到苹果树上有一个很诱人的苹果熟了。因为太高,踮起脚都够不着,我只好搬来木梯,就在我伸手欲摘的一瞬间,苹果突然脱枝而落,摔在地上,"啪",成了一团苹果泥。我愣在原地,失望不已。

问题:这段文字引发了你怎样的联想?

分析:_____

_____

_____

训练设计

(1) 认真观察生活中的各种现象。

(2) 每天记录你认为最有意思的现象,并写出基于这种现象你所产生的联想。

(3) 坚持一个星期之后,看看自己取得了哪些进步。

实训任务 2　胚芽孕育式主题提炼训练

当我们置身于一些演讲会、座谈会、迎送会等场合时,经常受到当时气氛的影响,看到别人滔滔不绝、侃侃而谈,自己也想说几句。可是怎么说呢?胚芽孕育式主要得力于别人的表达,从别人的表达过程中找到话题,孕育主题。这种方式新颖独特,发人之未发,言人之未言。在别人的表达中萌发一个新的观点,才能收到良好的效果。

训练目标

(1) 善于倾听。

(2) 掌握胚芽孕育式主题提炼方法。

训练内容

1. 认真倾听

每天用 20 分钟时间进行倾听练习。倾听的内容可以选择一些座谈会或者记者会的录音,听完后要总结自己所听到的内容,并尽可能多地从这些内容中提炼出不同的即兴演讲主题。

2. 反复训练

对每天提炼出的即兴演讲主题进行试讲。每个主题用 30 秒时间进行准备,然后进行一分钟的即兴演讲。在开始的一周里可以讲给自己听,之后可以讲给同学、亲友听。

案例分析

各位来宾、各位先生、各位女士:

值此新年到来之际,各位带着成功的喜悦,带着对青春无限美好的记忆,欢聚在阔别 30 余年的母校。有朋自远方来,不亦乐乎!我谨代表 1500 名师生热烈欢迎各位莅临我校,重温激荡的青春岁月,共述别后的思念。

远道而来的嘉宾,欢迎你们!

30 年来,各位校友天各一方,在自己的领域为母校赢得了无限的荣誉。你们当中有的是农村致富的带头人,为家乡的经济和社会发展做出了自己的贡献;有的身在教坛,为人师表,教书育人,为国家培养了一批又一批的社会精英;有的身在杏林,悬壶济世,治病救人,为了人民的健康贡献了自己的力量;有的身在政界,身居高位,心忧百姓,急人民所急,想人民所想,赢得了广大群众的良好口碑;有的大胆创新,钻研科技,勇攀高峰,成绩斐然,积极献身于科技兴国的宏伟事业。无论你们走到哪里,你们从来没有忘记自己的故乡、自己母校,你们的事迹、你们的品德、你们的贡献,为我们的学校、为我们的学生留下一笔宝贵的精神财富,你们永远是我们学习的榜样,是促进我们工作的坚强后盾,是激励我们前进的不竭动力。今天借这个难逢的好机会,请接受我们全体师生由衷的感谢,谢谢你们,谢谢各位!

各位先生,各位女士,走过 30 年风雨,走过激荡的青春,如今你们硕果累累。30 年后再聚首,走到了一起,我们衷心祝愿你们,在校友会期间,举杯共忆峥嵘岁月,把酒畅述别后情谊,我们衷心祝愿你们在未来的日子能够心想事成、万事如意,赢得更加壮丽辉煌的人生。我们相信当各位再相聚的时候,一定会有更加辉煌的记忆。欢迎各位常回母校走走看看,母校永远牢记着你们!

盛祝各位天天快乐,年年顺利。一生好运!

问题:结合案例谈谈如果你参加了这次校友会,你将以什么为主题进行即兴演讲?

分析:_____

_____

_____

训练设计

(1) 利用各种机会倾听别人的讲话,并在听完后回忆自己记住了什么。
(2) 每天训练自己在听完一段话后找出3个即兴演讲的主题。
(3) 每天对着镜子进行一次即兴演讲。

实训任务3　问题凝练式主题提炼训练

问题是主题形成的摇篮。在许多情况下,没有问题,就不能提炼主题。在一些公共场合,别人都说了几句,而自己正襟危坐,怎么办?此时金口不开不行。于是向自己提出一连串的问题:怎么办?说什么?怎么说?有价值的主题往往就产生于有价值的问题之中。

训练目标

(1) 学会提问题。
(2) 掌握问题凝练式主题提炼的方法。

训练内容

1. 提出问题

如果学会提问,那么其他人的知识与见识可以用很巧妙的方法为我们所知,为我们所用。在这个意义上,知道答案的关键在于会提问,提问比答案来得重要。因此,学会如何提出问题是非常重要的。

2. 提炼主题

针对某一社会现象提出问题,通过对问题的思考,确定即兴演讲的主题。

案例分析

比尔·盖茨是美国著名企业家、软件工程师、慈善家以及微软公司的董事长。他20岁开始领导微软;31岁成为有史以来最年轻的亿万富翁;37岁成为美国首富并获得国家科技奖章;39岁身价一举超越华尔街股市大亨沃伦·巴菲特而成为世界首富。

问题:如果你有机会当面问比尔·盖茨几个问题,你会问什么?
分析:_____

_____

训练设计

(1) 以小组为单位,针对同一个现象,组内成员写出自己想问的问题,然后评出最佳问题。
(2) 每天通过问题凝练的方式,找出10个即兴演讲主题。

实训任务4　角度更新式主题提炼训练

对同一个问题,从不同的方面去表达,使之角度翻新,从而表达出众。比如同时以"小草"为题进行即兴演讲,平常者可能立足于"小草默默无闻,造福人类"这一角度进行表述;而灵变者则想到"小草逆来顺受,软弱无能,不思反抗等特征",即兴演讲,别有一番风采。

训练目标

（1）培养创新思维。
（2）掌握角度更新式主题提炼的方法。

训练内容

1. 创新思维

用笔记录你对问题的看法。也许有些人觉得自己的想法并不成熟,甚至自己都觉得幼稚可笑,那么你也要记下来。记录的第一目的是思考,第二目的是保存想法。用笔写下来的记录,可以保存较长时间。当你对一类问题在不同时间、不同地点有不同的看法时,记下来,再翻翻原来的想法,会结合产生新的想法。这样做的目的是为了积累思维能力,积累创意想法。

2. 提炼主题

对同一个问题,找到自己独特的观点作为即兴演讲的主题。

案例分析

一个人在高山之巅的鹰巢里,抓到了一只幼鹰,他把幼鹰带回家,养在鸡笼里。这只幼鹰和鸡一起啄食、嬉闹和休息。它以为自己是一只鸡。这只鹰渐渐长大,羽翼丰满了,主人想把它训练成猎鹰,可是由于终日和鸡混在一起,它已经变得和鸡完全一样,根本没有飞的愿望了。主人试了各种办法,都毫无效果,最后把它带到山顶上,一把将它扔了出去。这只鹰像块石头似的,直掉下去,慌乱之中它拼命地扑打翅膀。就这样,它终于飞了起来!

问题：你能想到几种不同的角度去解读这个故事？
分析：

训练设计

以小组为单位,对同一个问题或者现象,每人提炼一个不同角度的观点。

模块2　即兴演讲取材

即兴演讲时,主题及布局确定后,快速选材与组材显得更为艰难与重要。反映主题,没有材料不行,选材不当也不行。从内容角度来说,材料可分为客观性材料与主观性材料。客观性材料即客观事实,带有实体性。它包括具体的事件、人物、景物、器具、数据等;主观性材料,即人们的认识与观点,带有观念性,包括理论、常识、看法、想法等。根据即兴说话的特点,选材时要注意具体性、客观性与可行性,尽量选取具有明显个性、高度概括、客观实在、灵活生动等特点的材料。即兴演讲以精短为妙,因此,选材时要做到少而精,短而严,从切题、典型、新颖等方面考虑材料取舍。即兴演讲选材的方法很多,主要针对下面两种常用的技法进行训练。

实训任务1　摘取法取材训练

摘取法是从相对独立完整的某一则材料中,选用一点或几点与主题有关的只言片语的一种方法。它可以引用被摘取内容的原文或取其原意,对于选用的原文或原意进行概括或压缩,这种方式主要运用于即兴表达的叙述或议论中。由于是即兴所取,很难全面清晰地记清原文,运用时要灵活点,可采用"记得某某说过"或"曾在某某书上读到过"等话概括。

训练目标

掌握摘取法取材的方法。

训练内容

1. 摘录训练

每月读一本书,将书中优秀的句子摘录下来,记录在摘录本上。每两个月对摘录本摘录的内容进行整理。

2. 背诵训练

每天背诵一句名人名言,并运用这句名言发表一段1分钟的即兴演讲。

案例分析

我获得诺贝尔文学奖后,引发了一些争议。起初,我还以为大家争议的对象是我,渐渐地,我感到这个被争议的对象,是一个与我毫不相关的人。我如同一个看戏人,看着众人的表演。我看到那个得奖人身上落满了花朵,也被掷上了石块、泼上了污水。我生怕他被打垮,但他微笑着从花朵和石块中钻出来,擦干净身上的脏水,坦然地站在一边,对着众人说:对一个作家来说,最好的说话方式是写作。我该说的话都写进了我的作品里。用嘴说出的话随风而散,用笔写出的话永不磨灭。我希望你们能耐心地读一下我的书,当然,我没有资格强迫你们读我的书。即便你们读了我的书,我也不期望你们能改变对我的看法,世界上还没有一个作家,能让所有的读者都喜欢他。在当今这样的时代里,更是如此。

要求:从著名作家莫言的获奖感言片段中摘录你认为有价值的话,并记录下来。

分析:_____

_____

_____

训练设计

每位同学寻找3个同伴组成四人读书小组,小组每周一起读书一次,并分享读书心得和摘录。

实训任务 2　观察法取材训练

即兴演讲时还可以从演讲的场合里找话题。例如,闻一多先生在一次纪念"五四"运动的学生夜间集会上发表了即兴演讲,他借助了当时的场景,说:"我们的会开得很成功!朋友们,你们看(他指着刚从云缝里钻出来的月亮)月亮升起来了,黑暗过去了,光明在望了,但是,乌云还等在旁边,随时还会把月亮盖住……"闻一多先生借景发挥,深刻而形象地表达了革命者对前途的坚定信念和对形势的清醒认识。从演讲的场合里找话题需要较强的观察能力,因此对观察能力的训练非常必要。

训练目标

掌握通过观察法取材的方法。

训练内容

1. 看图说话

找出一些图片,仔细观察后做即兴演讲,认真体会观察的重要性。

2. 观察

进入一个陌生的环境(如商场、咖啡店)认真观察1分钟,然后闭上眼睛尽力回忆你所观察到的画面。通过这种训练来增强观察能力及记忆力。

案例分析

冬季的山谷被冰雪覆盖,看似毫无生机,但其中隐藏了一些动物(见图6-1)。有些人一眼就能发现,有些人却要仔细寻找。通过练习,你也能快速从中发现奥秘。

图 6-1　观察能力练习

问题：仔细观察，在这张图片中有多少只熊？

分析：_____

_____

_____

训练设计

以小组为单位选择一个场景进行观察，然后根据观察到的现象每人进行一次即兴演讲。

模块3　即兴演讲表达技巧

即兴演讲能力是一种高级的演讲能力，是最能反映演讲者修养和功底的。因为即兴演讲场合常有变化，听众的职业、年龄、生活阅历和文化教养也不尽一致，因此即使是在一次演讲会的过程中也常常产生各种预想不到的情况。即兴演讲能力强的人，能在错综复杂的场合泰然自若，侃侃而谈。他们能从当时当地听众的实际情况出发，及时调节演讲内容和演讲方式，从而提高演讲的效果。一个人的即兴演讲能力，要能够达到缘事而发、应付自如的程度，而且能做到天衣无缝、出口成章，确实有一定难度，需要下一番苦功夫。下面介绍两种常用的即兴演讲表达技巧，希望可以帮助大家提高即兴演讲能力。

实训任务1　散点连缀训练

散点连缀：在即兴演讲前紧张的选材构思时，人的头脑中会出现很多散乱的思维点，演讲时要捕捉这些思维点，从这些点的关系中确定一个中心，并用它连缀这些点，与主题无关的全部舍去，当表达网络形成后，就可以开始讲话了。

训练目标

掌握散点连缀的方法。

训练内容

散点连缀训练

散点连缀法即将几个表面看似没有关联的甚至毫不相干的景物、词语，通过一定的语言表达方式，巧妙地连缀起来，组合成一段话，表达一个完整的意思。例如，校友、咖啡、遭遇这3个词语，看似毫不相干，但通过散点连缀方法，可以即兴演讲组成如下一段话：在一次校友会上，我们几个老同学聚在一起聊天，主人问我喝什么饮料，我说来杯咖啡吧，咖啡加点糖，甜中有苦，苦中有甜，二者混在一起有股令人回味无穷的滋味，我想这正好与我们这代人的经历和遭遇相似，分别几年了，我们都已经走向了不同的岗位，回想起来，真是有苦有甜啊！

第6章 即兴演讲训练

训练设计

把下面几组词语快速组合成一段话,并能表达出一个中心思想,如果能够引出一段有回味的故事更好。

(1) 深圳、李白、口才、尿裤。
(2) 黄河、白板、水瓶、黑熊。
(3) 沙滩、钢笔、衣服、酒水。
(4) 外星人、狐狸、天空、电灯。
(5) 学习、信封、瀑布、奥巴马。
(6) 马、剑、雨、床。

实训任务2 扩句成篇训练

训练目标

掌握扩句成篇的方法。

训练内容

扩句训练

这是一种开门见山的构思方法,其要点是将思维的路线理清,注意逻辑明晰。例如,句子"青春是什么?"扩展后可以是这样的:青春是什么?青春可以是携子之手,浪漫而温馨地漫步于桃红柳绿之中;青春可以是把头发染成五颜六色,在大街上旁若无人地大跳千奇百怪的街舞;青春可以是无休止地泡吧,疯狂地蹦迪,如果还嫌不够刺激的话,那就去蹦极、开飞机。难道青春仅仅就只剩下这些了吗?青春也可以是潜心于科学研究,十年磨一剑;青春还可以是扎根于边疆,一心谋发展;青春更可以是手擎炸药包炸碉堡时那一声惊天动地的呐喊声。青春是整个人生旅程中最绚丽的一站,最奇妙的一站,最灿烂的一站。青春孕育着无穷无尽的能量,等着我们去开采、去挖掘、去释放。人生的根本目的就是对于人生价值的认识、诠释,乃至实现,而青春正是我们实现人生价值的黄金时期。青春需要实现人生价值。

案例分析

在大学里,有的人过得很充实、很开心,深深留恋这块他们认为是一辈子都无法重复的净土;也有的人,从一路进校园就很失望,觉得一切都跟自己想象的不一样,从此浑浑噩噩混日子,最终醒悟的时候才猛然发觉,仿佛一夜之间,大学已经过去,随之逝去的还有自己宝贵的青春。记住,只有后悔大学混了几年的人,而不会有后悔上了大学的人。即使是那些在校时贬得他的母校犹如人间地狱的人,多年以后,回忆起大学时光,也往往会感慨万分,甚至泪流满面。不管你未来大学过得如何,至少你要时刻提醒自己:人生只有一个大学阶段。

要求:把这段文字浓缩成一句话,不能改变其原来的主要意思。

分析：_____

_____

_____

训练设计

请以"人生处处是考场"为题扩句进行演讲。

第 7 章 朗诵训练

本章实训安排

模块 1　诗歌朗诵训练　　　　　　　　2 学时
　　实训任务 1　基本技巧训练
　　实训任务 2　朗诵要点训练
模块 2　散文朗诵训练　　　　　　　　1 学时
总学时：　　　　　　　　　　　　　3 学时

模块 1　诗歌朗诵训练

学习诗歌,朗诵是必不可少的环节。要朗诵好一首诗,就必须掌握朗诵技巧,如音调的高低、音量的大小、声音的强弱、速度的快慢,有对比、有起伏、有变化,使整个朗诵犹如一曲优美的乐章。

实训任务 1　基本技巧训练

训练目标

(1) 掌握诗歌朗诵的基本技巧。
(2) 掌握诗歌朗诵的基本方法。

训练内容

1. 停顿

朗读时,有些句子较短,按书面标点停顿就可以。有些句子较长,结构也较复杂,句中虽没有标点符号,但为了清楚地表达意思,中途可以作短暂的停顿。但如果停顿不当就会破坏句子的结构,这就叫读破句。朗读测试中忌读破句,应试者要格外注意。正确的停顿有以下几种类型。

(1) 标点符号停顿。标点符号是书面语言的停顿符号,也是朗读作品时语言停顿的重要依据。标点符号的停顿规律一般是:句号、问号、感叹号、省略号停顿略长于分号、破折号、连接号;分号、破折号、连接号的停顿时间又长于逗号、冒号;逗号、冒号的停顿时间又长于顿号、间隔号。另外,在作品上的段落之间,停顿的时间要比一般的句号时间长些。以上停顿,也不是绝对的。有时为表达感情的需要,在没有标点的地方也可以停顿,在有标点的地方也可以不停顿。

(2)语法停顿。语法停顿是句子中间的自然停顿。它往往是为了强调、突出句子中主语、谓语、宾语、定语、状语或补语而做的短暂停顿。学习语法有助于我们在朗读中正确地停顿断句,不读破句,正确地表达作品的思想内容。

(3)感情停顿。感情停顿不受书面标点和句子语法关系的制约,完全是根据感情或心理的需要而作的停顿处理,它受感情支配,根据感情的需要决定停与不停。它的特点是声断而情不断,也就是声断情连。

但朗诵过程中,思想情感应处于积极的运动状态,在意思延续或激情澎湃的地方,必须一气呵成,这就需要用语流连贯的表达技巧。

2. 重音

重音是指那些在表情达意上起重要作用的字、词或短语,在朗读时要加以强调。重音是通过声音的强调来突出意义的,能给色彩鲜明、形象生动的词增加分量。重音有以下几种情况。

(1)语法重音。语法重音是按语言习惯自然重读的音节。这些重读的音节大都是按照平时的语言规律确定的。一般来说,语法重音不带特别强调的色彩。

(2)强调重音。强调重音不受语法制约,它是根据语句所要表达的重点决定的,它受演讲者的意愿制约,在句子中的位置不固定。强调重音的作用在于揭示语言的内在含义。由于表达目的不同,强调重音就会落在不同的词语上,所揭示的含义也就不相同,表达的效果也不一样。

(3)感情重音。感情重音可以使朗读的作品色彩丰富,充满生气,有较强的感染力。感情重音大部分出现在表现内心节奏强烈,情绪激动的情况。

3. 语速

朗读时,适当地掌握朗读的快慢,可以营造作品的情绪和气氛,增强语言的表达效果。朗读的速度取决于作品的内容和体裁,其中内容是主要的。

(1)根据内容掌握语速。朗读时的语速须与作品的情境相适应,根据作品的思想内容、故事情节、人物个性、环境背景、感情语气、语言特色来处理。当然,语速的快慢在一篇作品中并不是一成不变的,它要根据具体的内容有所变化。

(2)根据体裁掌握语速。国家《普通话水平测试大纲》在选编朗读测试材料时,为了保证作品难易程度和评分标准的一致性,所选的50篇作品,几乎都是记叙文。记叙文有记事的和记言的。一般来说,记事的要读得快些,记言的要读得慢些。

4. 语调

语调是指语句里声音高低升降的变化,其中以结尾的升降变化最为重要,一般是和句子的语气紧密结合的。在朗读时,如能注意语调的升降变化,语音就有了动听的腔调,听起来便具有音乐美,也就能够更细致地表达不同的思想感情。诗歌诵读需在一定思想感情起伏的支配下,呈现出抑扬顿挫、轻重缓急的语音形式的循环往复。

案例分析

美丽的梦/和美丽的诗一样,
都是可遇/而不可求的,
常常在/最没能料到的时刻里/出现。

——席慕蓉《初相遇》

要求:将上面一段文字读下来,能够正常停顿换气,反复练习,直至能自然地换气,顺畅读下来为止。

分析:_____

_____

_____

训练设计

(1) 在同一首诗歌中,语速并非一成不变。诗歌情感有发展,语速随之有变化。请运用所学要领和方法朗诵闻一多的《发现》一诗。

我来了,我喊一声,迸着血泪,
"这不是我的中华,不对,不对!"
我来了,因为我听见你叫我;
鞭着时间的罡风,擎一把火,
我来了,不知道是一场空喜。
我会见的是噩梦,哪里是你?
那是恐怖,是噩梦挂着悬崖,
那不是你,那不是我的心爱!
我追问青天,逼迫八面的风,
我问,拳头擂着大地的赤胸,
总问不出消息,我哭着叫你!
呕出一颗心来,——在我心里!

(2) 请运用所学要领和方法朗诵献给我们同龄的中国士兵:《永生的和平鸽》一诗。

女:无数次,
在天空和大地之间的
一棵棵橄榄树旁,
我伸开手掌,放飞一对
年轻的洁白的鸽子,

男:无数次,
在太阳被地平线颤抖地举起又颤抖地沉落的
一个个早晨和黄昏,
我向着遥远的南方,唱一支

深情的无词的歌。

女：就在亚热带丛林中那片不知名的小草上，
他最后一次站起身，向祖国致敬。
红色的生命之泉奔涌着，再也没有停息。
于是，那天的晚霞很红很红。

男：就这样，他在那片小草上，
献出最后一次脉搏、最后一次呼吸，
献出二十二岁的年龄，就这样，他在青春里永恒。
于是，他的生命永远年轻。

男：他是个普通的人。

女：普通极了。

男：是我们儿时的伙伴。

女：我们年轻时代的朋友。

男：他并不曾编织过关于英雄和元帅的光荣梦想，
甚至他并不特别喜欢那些打仗的故事。

女：他迷恋着他的鸽子，他的洁白美丽的鸽子。
每一次，当白鸽从他肩头起飞的时候，
总会听见他对着蓝天，
吹响那嘹亮的无比洒脱的哨音。

男：可是有一天，他说他要去参军，他要去南方的前线。

女：于是，在一个雾气蒙蒙的早晨，他打好背包和我们告别。

男：他说，南方有一对白鸽子死了，
因此总有人要走上前线。

女：是的，总有人要走上前线。

男：他说，他爱鸽子，所以他要上前线。

女：他爱鸽子，他要上前线。

男：他说，你们生活吧，奋斗吧，幸福吧，相爱吧。

女：他说，你们要幸福，要相爱。

男：他说，洒尽鲜血是为了开放出阳光和爱情，
开放出大片大片和平的天空。

女：和平的天空，他说是为了所有的白鸽子，
永远不死的自由的飞翔。

男：这时候你哭了，你的脸上挂着泪珠。

女：我哭了，我脸上挂着泪珠。

男：他说，你还是个小丫头，一个傻傻的小丫头。

女：说我是个小丫头，小傻丫头。

男：他微笑着吹起一声长长的口哨，

女：一声口哨，一声无比优美的口哨。

男:然后眼睛和眼睛相互凝望着,
女:凝望着许久什么也没说。
男:最后他拿出那对雪白雪白的鸽子,放到我们手上。
女:转过身踏上那条弯弯曲曲的小道。
合:从此,他再也没有回来,
　　永远也不回来了。
男:那一天我看见晚霞很红很红。
女:那一天我看见晚霞很红很红。
男:那一天他在青春里永恒,他的生命永远永远年轻。
女:那一天他在青春里永恒,他的生命永远年轻。
女:鸽子飞翔着,
　　飞翔着牵出长长的弧线,
　　牵出长长的没有尽头的怀念。
男:我的歌回旋着,它是低低的,
　　低低的,
　　可我总相信,在那块遥远的亚热带丛林中,
　　会有一片小草听到歌声。
合:和我们一起怀念,
　　于是,当我们无数次地面对着,
　　湛蓝湛蓝的天空和血红血红的霞光。
女:总觉得有一个掩藏的故事还不曾诉说。
男:总觉得有一阵嘹亮的鸽哨在久久回荡。
合:无数次,我们伸开手掌放飞一对年轻的洁白的鸽子;
　　无数次,我们向着遥远的南方唱一支深情的无词的歌。

实训任务 2　朗诵要点训练

训练目标

掌握诗歌的朗诵要点并能生动地朗诵诗歌。

训练内容

1. 准确把握诗歌的情感基调

如徐志摩的名诗《再别康桥》,写的是离愁别绪,其情感基调定在一个"愁"字上,而且,这愁,不是哀愁,也不是浓愁,而是轻淡的柔愁,愁中又带有一丝对康桥美景的沉醉,带有一丝对母校眷恋的深情。

2. 掌握朗读的语速

诗歌朗读的语速,有一定的规律可循。

如果表现的内容是欢快的、激动的或紧张的,速度要稍快一些;表现的内容是悲痛的、低沉的或抒情的,速度要稍慢一些;表现的内容是平铺直叙的,速度就要力求平稳、不紧不慢。

3. 确定轻读重读及声音的长短

把握好诵读的"轻""重""缓""急",恰当地分好"音步",产生鲜明的节奏感,才能将诗歌情感强调出来,才能将诗歌的韵味体现出来。

案例分析

<u>轻轻地</u>我走了,
正如我<u>轻轻地</u>来;
我<u>轻轻地</u>招手,
作别西天的云彩。

要求:整节诗比较轻柔,但轻柔之中依然有强调部分。其中,"西天"这个词可稍读重一些;而加下画线的3个"轻轻"虽然属于这节诗中重点强调的部分,但根据诗歌意境来看,不能重读。那么该怎么处理呢?我们可以这样处理:语速放缓慢,声音稍微拉长。这样,两种强调处理,各有不同,一种重读,一种轻读拉长,"歌"的韵味便出来了。

分析:_____

训练设计

(1) 请运用所学要领和方法朗诵《向日葵》一诗。

不知太阳上 白天仰着脸——
有啥秘密,瞧呀,瞅呀,
引逗得你哟 夜晚低着头——
那么好奇?思来想去……

(2) 请运用所学要领和方法朗诵《相信未来》一诗。

当蜘蛛网无情地查封了我的炉台,
当灰烬的余烟叹息着贫困的悲哀,
我依然固执地铺平失望的灰烬,
用美丽的雪花写下:相信未来。
当我的紫葡萄化为深秋的露水,
当我的鲜花依偎在别人的情怀,
我依然固执地用凝霜的枯藤,
在凄凉的大地上写下:相信未来。
我要用手指那涌向天边的排浪,
我要用手掌那托住太阳的大海,
摇曳着曙光那枝温暖漂亮的笔杆,

用孩子的笔体写下:相信未来。
我之所以坚定地相信未来,
是我相信未来人们的眼睛,
她有拨开历史风尘的睫毛,
她有看透岁月篇章的瞳孔,
不管人们对于我们腐烂的皮肉,
那些迷途的惆怅、失败的苦痛,
是寄予感动的热泪、深切的同情,
还是给以轻蔑的微笑、辛辣的嘲讽。
我坚信人们对于我们的脊骨,
那无数次的探索、迷途、失败和成功,
一定会给予热情、客观、公正的评定。
是的,我焦急地等待着他们的评定,
朋友,坚定地相信未来吧。
相信不屈不挠的努力,
相信战胜死亡的年轻,
相信未来、热爱生命。

模块 2　散文朗诵训练

散文可以泛指韵文以外所有的文章,包括小说和议论文,但是也可以特指以抒发作者个人感受为主的文章。一般把后一类散文称为"抒情散文"。

训练目标

(1) 掌握散文朗诵的基本技巧。
(2) 掌握散文朗诵的基本方法。

训练内容

1. 基调

散文是从作者主观视点来观察世界万物,从中有所感悟,于是有感而发,抒发自己的感想。读散文,听散文,似乎是跟着作者去看去想,最终和作者想到一块儿去。因为是一个看、想、感悟的过程,所以散文朗诵的基调是平缓的,没有太大的起伏。即使是在作品的高潮,也不会像演讲那样异峰突起,慷慨激昂。在朗诵时要用中等的速度,柔和的音色,一般用拉长而不用加重的方法来处理重音。

2. 节奏

散文虽然不像诗歌那样有规整的节奏和严格的韵律,但是也讲究节奏和韵律美。散文的局部和某些句子也有对称结构。在朗诵时,我们可以用相同的语调来读语句,使文中的韵律美表现出来。

3. 语速

散文有不同的类型。有的散文以抒情为主，不写人和事。例如，朱自清先生著名的散文《荷塘月色》《匆匆》，都是在抒发作者的感受。有的文章中虽然也会出现一些事物，但是这些事物都是虚写而不是实写的，是概括而不是具体的。例如，朱自清先生在著名的散文《春》中描写春天，赞美春天，发出："一年之计在于春"的感想，从而激发了对生活的热爱。基调是热情、愉快的。我们应该用明朗、甜美的声音去读。在文章中虽然有山有水，有花有鸟，还有人，但是这些都不是具体的某一个人。我们在朗读这一类型的散文时，完全可以用作者的感受为线索。朗诵《春》时，一开始是一种殷切期盼的情感，在朗诵"山，朗润起来了；水，涨起来了；太阳的脸，红起来了"时，要把3个层次读出来，把春天越来越近，人们越来越欣喜的心情读出来。中间的部分，从各个方面描写春天，也表现了作者对春天的热爱。我们可以用减低速度、降低音量的方法把描写和抒情区别开来。最后的三小节，用娃娃、姑娘、青年来比喻春天，体现了人们对新的一年的憧憬和希望，情绪也随之转向高昂。音量、语速也应随之步步提高。

案例分析

这几天心里颇不宁静（1927年太彷徨苦闷，希望在一个幽静的环境中寻求解脱却又无法解脱的心情）。今晚在院子里坐着乘凉，忽然想起日日走过的荷塘，在这满月的光里，总该另有一番样子吧。月亮渐渐地（"渐渐"表现时间流动和空间转移的缓慢，体现出缓慢中的宁静与宁静中的颇不宁静）升高了，墙外马路上孩子们的欢笑，已经听不见了；妻在屋里拍着闰儿，迷迷糊糊地哼着眠歌。我悄悄地披了大衫，带（轻轻地将门从背后掩上，动作轻柔随意，保持环境的宁静，也与心境相符）上门出去（这段中"日日、渐渐、迷迷糊糊、悄悄"等叠词一般用轻声的语调来读，轻柔的语调与轻柔的情景相符，能渲染出一种雅而不俗的语言氛围，而在语音的延长中，语意与情感也是绵绵不绝，令人回味的）。

沿着荷塘，是一条曲折的小煤屑路。这是一条幽僻的路；白天也少人走，夜晚更加寂寞（曲折引出幽僻，幽僻引出寂寞）。荷塘四面，长着许多树，蓊蓊郁郁的。路的一旁，是些杨柳，和一些不知道名字的树。没有月光的晚上，这路上阴森森的，有些怕人。今晚却很好，虽然月光也还是淡淡的（淡淡的哀愁）。

路上只我一个人，背着手踱着（走路时不紧不慢，不慌不忙，慢条斯理，脚步井然有序，而心里却若有所思，若有所感，在悠闲、超然中，淡淡的哀愁若隐若现）。这一片天地好像是我的；我也像超出了平常的自己（平常的自己是苦闷、彷徨、想逃避又难以超然；而现在的自己却是自由的人），到了另一世界里。我爱热闹，也爱冷静；爱群居，也爱独处。像今晚上，一个人在这苍茫的月下，什么都可以想，什么都可以不想，便觉是个自由的人。白天里一定要做的事，一定要说的话，现在都可不理。这是独处的妙处，我且受用（"妙处"和"受用"两个词，从淡淡的哀愁到淡淡的喜悦）这无边的荷香月色好了。

曲曲折折的荷塘上面，弥望的是田田的叶子。叶子出水很高，像亭亭的舞女的裙（运用了比喻修辞，舞女的裙与叶子自然舒展的形态相似）。层层的叶子中间（"田田"描述其连绵不绝，"层层"描述其高低有序），零星地点缀着些白花，有袅娜地开着的，有羞涩地打着朵儿的（运用拟人修辞手法，回应上面的"舞女"，荷茎像舞女，叶子像舞女的裙，而花便像舞女的容颜,同样千姿百态,楚楚动人);正如一粒粒的明珠,又如碧天里的星星,又如刚出浴的美人(运用了比喻修辞格)。微风过处,送来缕缕清香,仿佛远处高楼上渺茫的歌声似的(运用了"通感"的写景方法,即把一种可感的形象转化为另一种可感的形象的方法。把视觉、嗅觉、听觉交织在一起,启迪读者更加深远地想象和联想)。这时候叶子与花也有一丝的颤动(微风),像闪电般,霎时传过荷塘的那边去了。叶子本是肩并肩密密地挨着,这便宛然有了一道凝碧的波痕。叶子底下是脉脉(无声、含蓄)的流水,遮住了,不能见一些颜色;而叶子却更见风致了。

月光如流水一般,静静地泻(表明月上中天,月光自上而下,有更强的动感与立体感)在这一片叶子和花上。薄薄的青雾浮(描写出青雾似动而静、似静而动的轻柔含蓄之态)起在荷塘里。叶子和花仿佛在牛乳中洗过一样;又像笼着轻纱的梦。虽然是满月,天上却有一层淡淡的云,所以不能朗照;但我以为这恰是到了好处——酣眠固不可少,小睡也别有风味的。月光是隔了树照过来的,高处丛生的灌木,落下参差的斑驳的黑影,峭楞楞如鬼一般;弯弯的杨柳的稀疏的倩影,却又像是画在荷叶上(让读者更易联想和想象到荷塘月色的诗情画意)。塘中的月色并不均匀;但光与影有着和谐的旋律,如梵婀玲上奏着的名曲(荷塘与月色融为一体,心境与物景融为一体,整个天地浑然一体,如梦似幻,如诗如画,令作者与读者如痴如醉,作者心中流露出的依然是淡淡的喜悦)。

荷塘的四面,远远近近,高高低低都是树,而杨柳最多。这些树将一片荷塘重重围住;只在小路一旁,漏着几段空隙,像是特为月光留下的。树色一例是阴阴的,乍看像一团烟雾;但杨柳的丰姿,便在烟雾里也辨得出。树梢上隐隐约约的是一带远山,只有些大意罢了。树缝里也漏着一两点路灯光,没精打采的,是渴睡人的眼。这时候最热闹的,要数树上的蝉声与水里的蛙声;但热闹是他们的,我什么也没有(作者的心绪又从淡淡的喜悦转为淡淡的哀愁)。

忽然想起采莲的事情来了("颇不宁静"的心情在梦境般的荷塘岸边没有得到排遣,就想对古代采莲盛况的向往和对故乡的怀念来解脱)。采莲是江南的旧俗,似乎很早就有,而六朝时为盛;从诗歌里可以约略知道。采莲的是少年的女子,她们是荡着小船,唱着艳歌去的。采莲人不用说很多,还有看采莲的人。那是一个热闹的季节,也是一个风流的季节。梁元帝《采莲赋》里说得好:

妖童媛女,荡舟心许;鹢首徐回,兼传羽杯;櫂将移而藻挂,船欲动而萍开。尔其纤腰束素,迁延顾步;夏始春余,叶嫩花初,恐沾裳而浅笑,畏倾船而敛裾。

可见当时嬉游的光景了。这真是有趣的事,可惜我们现在早已无福消受了(作者触景生情,由眼前景物联想到江南采莲的情景,依然是"热闹是他们的,我什么也没有")。

于是又记起《西洲曲》里的句子:

采莲南塘秋,莲花过人头;低头弄莲子,莲子清如水。

(思乡之情)今晚若有采莲人,这儿的莲花也算得"过人头"了;只不见一些流水的影子,是不行的。这令我到底惦着江南了(触景生情,独在异乡为异客,面对黑暗的现实苦闷彷徨,无所适从,欲超然又想挣扎,借思乡排遣忧愁)。——这样想着,猛一抬头,不觉已是自己的门前;轻轻地推门进去,什么声息也没有,妻已睡熟好久了(作者从遐想中回到现实,现实依旧,愁思依旧,心里依旧不宁静,刚才的所见所闻、所思所想恍如一梦)。

要求：将上面一段文字按散文的朗诵技巧和方法读下来。
分析：_____

训练设计

（1）请运用所学要领和方法朗诵散文：《深夜的窗外，我在等待》。

深夜的窗外是我在等待。你是不是能轻轻推开你的窗扇，你是不是能感觉到我就伫立在你的窗外？我看到你的身影映在窗帘，我看到你默然地站立在窗前，我不知道你是不是也在思念，也在等待。你让我相信什么是上帝的安排，你让我知道什么是情感唯一的等待，什么是爱的极致的表白和极致的情怀。

如果我等待，你是否会把曾经的爱给我？如果我等待，你是否会把曾经的承诺兑现？如果我等待，你是否会再次陪我看落日的余晖染红西天？如果我等待，你是否会和我一起欣赏冬日的浪漫？如果你能够陪我把曾经的爱情小径再走一遍，我宁愿在雨中做最虔诚的期盼；如果你能把小溪边的喃喃细语再次轻念，我宁愿用一生的思念来交换。

如果我等待，我是否能再次牵着你的手，走过那险滩？如果我等待，你是否能把你温柔的眼神再次投射在我的身边？如果我等待，你是否再次和我演绎那爱的梦幻？我知道，一切都不可能，一切都太迟了。我即使耗尽一生的眼泪也不可能换来再次和你相牵的瞬间。我即使积攒永世的情感，也不能换来和你再有红地毯的相挽。

我不再等待，当爱消失在昨夜的风里的时候，何必再叹惋情感的消散。不能给你爱的欢欣，就还你爱的自由的空间。不必用往日的情怀，羁绊你爱的脚步，让你在湛蓝的天空放飞你的心，宁愿让自己的心被撕成碎片。爱你无怨，念你无悔，想你到永远！

（2）请运用所学要领和方法朗诵散文：《祝福在每一个清晨和夜晚》。

珍惜生命中的每一份缘，我想并不是所有的回首，都会有人在灯火阑珊处等待，但我相信每一次的聚首，都是携着千年的爱而来！远方因为有梦才更让人牵挂啊……

亲爱的，从昨晚起，我突然有了一种想见到你的冲动，此时比任何时刻都要牵挂着你，真的好想你！我知道我这样子说会把你吓跑的，亲爱的，我还是想说，网络真好，认识你真好！虽然那种感觉非常的特别，可是一种情缘深深地萦绕心怀，让我久久地不能释怀！

正如你所言，我现在已经不是你刚刚认识的我了。我知道我们在一起，我能拥有什么；我更知道于你而言，我也仅仅是个朋友，甚至于仅仅是个聊友罢了，也许我这样讲你要生气，可是这却是这一段时间以来你给予我的真实的感受啊。

我还清晰地记得我们第一次在聊天室里的相识，我还记得那天晚上你对我讲的每一句话语以及我自己对你说的故事，还有深夜里回旋在夜空中的泪滴，我竟然不知道这将会是怎样地无意中伤害了你？现在想想我是一个多么愚蠢的女人哪，等我发觉这一切的时候都已经太迟了。

我还记得我想用另外的一种形式去弥补给你造成的伤害，我甚至害怕听到你那低低的嘶哑而悲伤的声音出现在聊天室里，每当这种哀伤的朗诵声出现时，我的感觉好痛好痛,仿佛心都碎了,我除了默默无言还能做些什么呢,可这一切你都知道吗?

后来,慢慢地不知道是从什么时候开始的,你变了我也变了,我们变得已经不是从前的自己了,我们都小心翼翼地去说话去聊天,我们是那样的不真实、那样的累,我突然明白这就是那种叫距离的东西在你我的面前出现了呀!

一个时期以来,我以为我不会上网了,至少不想再上 UC 聊天室了,可是一件事改变了我的看法,我想任何一种事物都有它存在的理由,比方认识你就是一种机缘,是上苍送给我的最好最重的礼物啊!戒网莫如戒心,我相信:只要我们能理智一些,再现实一点,我们会成为最好的红颜知己的,不是吗?

曾经以为再看到你时,会不知道如何面对,可是看到你上线下线心里突然就溢满了浓浓的祝福,那种内心深处的丝丝牵挂竟让我有了一种幸福的感觉,每天看你在线很晚就想对你说:早点休息吧,可我不敢说也有点不想说,我想你不想下线自然有不下线的缘由,又岂是我所能左右得了的呢?

奉献一颗祝福的心,在今天这个感觉特别的日子里,愿幸福、如意、快乐、鲜花——一切美好的祝愿与你同在,亲爱的,还是让我带着盈盈的相思、带着温馨的祈愿,祝福在每一个清晨和夜晚吧,我相信你一定也会有所感知的!

第8章 辩论口才训练

本章实训安排

模块1　辩论的准备　　　　　　　　　　　　0.5学时
　　实训任务1　辩论的基本要求
　　实训任务2　辩论的类型
模块2　辩论技巧　　　　　　　　　　　　　3.5学时
　　实训任务1　辩论的基本方法
　　实训任务2　论证技巧
　　实训任务3　进攻技巧
　　实训任务4　防守技巧
总学时：　　　　　　　　　　　　　　　　　4学时

模块1　辩论的准备

从语言产生开始,人类其实已经开始了辩论。因为人们要交流思想、传递情感,自然会出现观点和情感不一致的时候,而为了达到观点和情感的一致,就要去说服对方,这样就产生了辩论。人们常说,真理越辩越明。的确如此,通过辩论,可以使人们辨别事物的真伪,分清是非正误,从而呼吁社会舆论去支持正确的主张或行为,斥责错误的言论或行为,进而使人们牢固树立坚持真理的观念。

实训任务1　辩论的基本要求

训练目标

掌握辩论的基本要求,并能熟练运用。

训练内容

1. 立场鲜明针锋相对

辩论者要维护的利益、阐明的观点、坚持的基本立场,在说话中不仅要据理、据实、据情达到自圆其说,而且要驳斥对方讲话内容的偏颇、错误之处,诘难对方。这就要求说话者在"理"的基础上,言语措辞针锋相对,尤其是在原则问题上,不得含混不清、转弯抹角、模棱两可。

注:在法庭辩论中,立场、态度不鲜明的语言,是不能作为论据的;在经贸谈判中,双方要维护自己的利益,也必须鲜明地表达各自立场。

2. 反应迅速发语快捷

辩论在更多的时候是无准备之仗,需要临场发挥,针对对方的观点迅速进行反驳。一般你来我往,发语—思考—再发语,都十分快捷。辩论,不管是实用辩论还是赛场辩论,辩论各方都处于同一个辩论现场,彼此面对面相处,双方发语的间隔时间极其短暂,这就要求参辩者思维敏捷,对对方提出的观点或问题迅速做出反应,针锋相对地予以反驳。要能根据临场变化来选择资料和方式策略,随机应变。

3. 逻辑严密用语精练

辩论中强调逻辑严密,不仅要求做到对自己观点的阐述具有条理性,更重要的是运用逻辑武器,进攻对方的立论、论据、论证,揭其荒谬、避其锋芒、挫其锐气、扬己命题,充分展示语言的雄辩性。一般通过形式逻辑和辩证逻辑原理、方法体现出来。

用语精练是指辩论者必须用简短明快的语言击中对方的要害,甚至达到"一语中的"的程度。辩论择词应力求简短、犀利,因为任何一方的辩论时间都是与对方的思考时间成正比的。也就是说,一方的辩论时间越短,对方考虑辩驳的时间也就越少,给对方造成的困难也越大。倘若一方语言冗长,必然留给对方更多的回旋余地,使对方获得充分的思考时间,并较容易抓到突破口而获胜。这是决定辩论成败的一个重要方面。

注:在辩论过程中,由于有时命题立场对己不利,或材料准备不足,或对方故设逻辑难题,靠正常逻辑思维方法难以达到对己有利的目的,因而不得不采取必要的辩论逻辑方法即"诡辩的逻辑"摆脱语言困境。

案例分析

1931年10月,王若飞被敌人捕捉入狱。敌法院首次开庭,一个姓靳的法官劈头就问王若飞参加共产党有什么犯罪事实。王若飞轻蔑地望望靳法官,问道:"你身为法官,可懂得法律?""我是问你犯罪的事实。"靳法官重复道。王若飞逼问靳法官:"我先问你,什么叫犯罪?""犯罪,就是你触犯了《危害民国紧急治罪法》。"靳法官说。"什么民国?是骑在人民头上作威作福的一批强盗!所谓'紧急治罪法',无非是保护帝国主义、大地主、大资产阶级的法律!试问制定这种法律的时候,有哪一个工人、哪一个农民、哪一个其他劳动者参加过?你们执行这种法律,只能说明它是帝国主义、买办阶级、封建势力的工具,是它们忠顺的奴仆而已!"王若飞义正词严的答辩,弄得伪法院院长和靳法官面红耳赤,好半天说不上话来。靳法官只好强词夺理地说:"不管你这些歪理,反正你有罪!""我有什么罪?犯的是反对你们祸国殃民的罪行的'罪'!是反对你们投敌卖国的罪行的'罪'!是反对你们专制独裁、剥削人民、欺压人民、贪赃枉法的罪行的'罪'!如果你们真是英雄好汉,如果你们还有一丝一毫的天理良心,咱们就到大庭广众中去,让群众评一评理,是共产党犯罪,还是你们犯了十恶不赦的滔天罪行。""你这样的目无法纪,我们不让你到街上去煽惑群众!"王若飞说:"原来你们的法律是见不得人的!"王若飞驳得伪法官张口结舌,期期艾艾地讲不下去,只好宣布退庭。

问题:在敌人的法庭上,王若飞对敌人的"审判"针锋相对地进行辩论,揭露和驳斥了敌人的诬蔑,宣传了党的主张,把法庭当成了战场。你从他与敌人的辩论中得到了哪些启发?

分析:

训练设计

(1) 当与人讲话时突然有不速之客插入,设想该如何与之交谈。

(2) 讲话时突然被不太友好的插话打断,设想一下如何应对。

(3) 设想别人提一些刁钻古怪的问题,该如何应变。

实训任务2 辩论的类型

训练目标

(1) 了解辩论的类型。
(2) 掌握不同类型辩论的特点。

训练内容

1. 学术辩论

在各种科学领域中,必然也会存在各种不同的观点、不同的理论体系,它们展开争鸣,就能更好地明辨是非、优劣。正确的、优秀的被发扬光大,错误的、低劣的受到抵制淘汰,这就可以使人们在各个学科中的正确认识不断地发扬光大,逐渐地去认识和掌握各种学科领域中客观事物的本质与规律,从而建立、巩固、发展各种正确的、优秀的观点和理论体系。学术辩论的目的,在于探寻真理,正确地认识和掌握主观自我以及客观世界的本质和规律,并不是争什么名利、赌什么输赢。因此,辩者一方面态度要严肃认真,既敢于坚持真理,也敢于在真理面前低头;另一方面也要待人和善,争辩时平心静气,不逞强,不闹意见,必须以理服人。

2. 决策辩论

决策是人类的基本活动之一,也是一种重要的领导行为。它是人们对行动目标与手段的探索、判断和抉择。决策辩论是参与决策的人们在行动之前围绕行动目标和手段的选择而展开的辩论。决策辩论的内容一般包括目标选择和方案选择两大部分。参与决策辩论的主要对象是领导集团的决策系统和参谋系统的人员。

3. 法庭辩论

法庭辩论是法律活动中一个重要的组成部分。诉讼活动包括两个方面:诉,就是告诉,控诉;讼,就是辩论是非。现代法庭的审判,辩论是法定的重要程序之一。我国刑事和民事诉讼的有关法律均规定有辩护制度,以确保诉讼双方的法律权利。

4. 专题辩论

专题辩论是指在专门场合下进行的有特定议题的辩论,如毕业答辩、法庭辩护、各种谈判中所发生的辩论等。

5. 模拟辩论

模拟辩论是将辩论作为一种比赛项目来进行的演练活动,它是专题辩论的模拟,具有竞技的特点,它并不十分强调辩者的立场、观点的正确与否,而是比较突出辩论技巧的竞赛。辩论比赛是一种有组织的活动,有主办单位,有一定的活动目的,有一定的活动规则,对参加的单位和人员的各方面条件都有一定的要求,比如,大学生辩论比赛的参赛单位必须是高等院校,青年比赛的参加者在年龄上就有严格的限制。

模拟辩论顺序一般为:①起——提纲挈领地概述我方论点;②承——(对方反驳后)进一步阐述,发挥我方论点的核心部分,并用事实向对方提出责难,发起攻击;③转——(待对方三辩陈述完毕后)一方面巩固和扩大责难,发起攻击,另一方面固守我方"阵地",不给对方以可乘之机;④合——对我方的论点、论据作归纳总结。

注:模拟辩论的战术,大体有4种:①论——对我方观点进行的阐述;②驳——对对方观点进行的反驳;③护——对遭到对方驳斥的我方观点进行辩护;④接——驳回对方言论的接对。

6. 日常辩论

这是在日常生活和工作中,由于临时遇到对第一问题的见解产生分歧而自然引发的辩论。它是经常发生的辩论行为。这种辩论没有预定性,随时可能发生,辩论的随意性非常强,有时论题旁逸斜出,几乎无法事前准备。

案例分析

【案例1】 在"愚公移山还是搬家"的辩论中,正方举例说明本方观点:"北京窦店村原是著名的穷地方,'顶天立地男子汉,不如母鸡下个蛋'。然而靠着愚公移山的精神,窦店村人民与天斗、与地斗,征服自然,发展多种经营,终于成为闻名海内外的富裕新农村。对方辩友听了这些,又做何感想呢?"反方辩手应答:"窦店村人民走上致富之路是移山填海带来的吗?他们移走了哪座山,填了哪条河呢?窦店村能有此繁荣富足的景象,不正是他们开放搞活,搬家流动,走出去闯市场,返回来建家园所换来的吗?这不是搬家思维又是什么呢?"

问题：此案例属于哪种辩论类型？反方把对方的论据巧妙一变，纳入本方观点之下，使对方弄巧成拙，对你有哪些启示？

分析：

【**案例2**】 事情发生在一节硬卧车厢里。一名列车员来到一个吸烟的旅客身边。

列车员说："同志，请不要吸烟了，你没看到吗？"她用手指了指钉在门端上方的木牌，上面写着：不吸烟车厢！

旅客说："我买票的时候，没人告诉我这节车厢不准吸烟，早知道，我就不买这节车厢的票了。"

列车员说："现在我告诉你了，本节车厢里不准吸烟，要吸烟，请到通过台去吸。"

旅客说："我买的是卧铺票，而不是通过台的站票，再说，为什么别的车厢可以吸烟，唯独你这节车厢不准吸烟呢？"

列车员说："这是铁道部的规定！"

旅客说："铁道部的规定不等于法律。"

旅客甲看不过去，帮着列车员，说："公共场所吸烟污染空气，电影院就不准吸烟。"

旅客说："电影院里不准吸烟，理由是烟雾影响光线，可不是说污染空气。"

旅客乙也帮着列车员说话："不准吸烟和不准吐痰是一个道理。"

吸烟的旅客说："这可不一样，随地吐痰不卫生，应该禁止；而香烟是国家卷烟厂生产的，国营商店里出售的。"

列车员见说不过这位吸烟的乘客，只好走了。旅客们七嘴八舌地议论开了。有的说列车员对，有的说吸烟的旅客对，而那位吸烟的旅客呢，依然美滋滋地吸着他的香烟。

问题：从表面上看，这位旅客在这场辩论中胜利了，而列车员失败了，尽管真理在列车员一方。如果你作为列车员，遇到这样的旅客将会如何应对？

分析：

训练设计

按以下方法进行应对训练。

（1）自问自答。这是简便易行的应对自练形式，经常训练对口语表达能力的提高很有好处。

方法：围绕一个中心话题，自己（也可请别人）拟一套难易适中、由浅入深的问题，先将问题逐一录音，问句间留下答题所需的时间，然后面对录音机的连续提问，做快速回答练习。

(2) 限时答问。这种应对训练的目的是提高对突发性提问的接对反应速度。

方法：设计一组互不联系的常识性问答题,例如,什么动物代表澳洲？处于困境又遇生路可用什么成语表达？38 只青蛙有多少条腿？……一人快速提问,另一人流畅地快速作出回答,看看在限时 100 秒内能够正确地回答出多少个问题。

_____

_____

_____

_____

(3) 快问快答。这是一种对突发性提问快接快对的专项现代训练手段。由于提问的内容广泛,问语角度富于变化,时空跨度跳跃,要答得快、答得巧,就必须具备较好的抽象概括能力和敏捷准确的应对能力。

方法：从可以涉及的个人的各方面情况设计出一种快问快答的题目。由近及远,由浅入深。问话由慢加快,对答要求短促、中肯、清晰、简洁,最好能含蓄风趣,富有哲理。

训练题如下。

① 你的优点是什么？

_____

② 你的缺点是什么？

_____

③ 你的爱好是什么？

_____

④ 你最珍惜什么？

_____

⑤ 你最讨厌什么？

_____

⑥ 你最喜欢的警句或格言是什么？

_____

⑦ 你最大的乐趣是什么？

_____

⑧ 你平时经常想的是什么？

_____

⑨ 你做人的信条是什么？

_____

⑩ 你最大的愿望是什么？

⑪ 你怎样评价自己？

⑫ 你如何对待别人对你的流言蜚语？

⑬ 你如何看待"金钱是万能的"这句话？

模块 2 辩论技巧

辩论是针对辩题展开的辩护与辩驳，而辩护与辩驳，都是围绕己方的论点进行的。除了资料的准备以及之前所论述的一些基本能力的训练之外，还需要掌握辩论的基本要求与技巧，才能在赛场风云变幻中立于不败之地。

实训任务 1 辩论的基本方法

训练目标

掌握辩论的基本方法，并能在辩论中熟练运用。

训练内容

1. 唯物辩证法

唯物辩证法为论辩提供了一个科学地分析命题矛盾的方法，即对立统一规律。论辩总是要有胜有负，因而人们对论辩的命题往往认为不是对就是错，不是有就是无。然而，一些涉及哲学问题的矛盾命题，并不能这样简单、绝对地分析。在论辩哲学范畴的命题时，要树立共生观、主导观、总体观、发展观 4 个观点。这是因为复杂事物的产生和发展往往是得失并存的；几种要素之中总有主次之分；论辩中要从大局着眼，全面权衡利弊；还要做到从发展和前进的角度来分析命题。

2. 逻辑推理法

在传统的思维能力的锻炼中，人们极为重视推理，推理的特点是具有严密的逻辑性。逻辑推理法主要是通过研究思维形式的结构来确定一项判断或推理是否成立，或者它所判断或推理的事物的具体内容是什么意思。

注：一个正确的论证既要内容真实，又要形式正确。

3. 公理分析法

所谓的公理就是人们所公认的正确道理，它包括一般性的公理、原理、定理、原则、法则、法律、条约等。以公理作为论据进行论证无疑具有很强的说服力。应用公理作为论据要遵守关于论据的 3 个原则。

（1）作为论据的道理必须确凿。
（2）作为论据的道理必须充足。
（3）作为论据的道理必须扣题。

注：在生活中，在相当多的论辩题目中涉及的公理不明确或有多种相关规定可以选择，这就要发挥公理分析的方法。

4. 语言感染法

在对一些尚无定论的论题进行论辩时，论辩双方往往根据原有的现成文献观点进行论辩，这往往使双方陷入僵持状态。这时语言能力的高低，能否感染听者就将决定论辩胜负。

案例分析

【案例 1】 有一次，英国作家狄更斯正在钓鱼，一个陌生人走到他跟前问道："怎么，你在钓鱼？"狄更斯不假思索地说："是啊！今天真倒霉，钓了半天一条也没钓到，可昨天也是在这个地方，却钓到了 15 条鱼呢！"陌生人说："是吗？你昨天钓得很多啊！"接着他又说："那你知道我是谁吗？我是这个地方的管理员。这段江上是禁止钓鱼的！"说着，要罚狄更斯的款。狄更斯却说："那么，你知道我是谁吗？我是作家狄更斯，你不能罚我款，因为虚构故事是我的职业。"陌生人没办法，只好让狄更斯走了。

【案例 2】 苏维埃政权建立后，有人向著名诗人马雅可夫斯基发难，说："马雅可夫斯基，你为什么手上戴戒指？这对你不合适。"诗人回答说："照你的说法，不应该戴在手上，而应该戴在鼻子上喽？"有人又贬损他的诗，说："马雅可夫斯基，你的诗不能使人沸腾，不能使人燃烧，也不能感染人。"诗人道："我的诗不是大海，不是火炉，不是鼠疫。"

问题：（1）结合案例分析，为什么狄更斯、马雅可夫斯基都能在辩论中取胜。
分析：_____

问题：（2）在生活中你是否遇到过需要辩解的情景？你是如何处理的？
分析：_____

训练设计

（1）有这样一个三段论：开车要注意交通安全，我不开车，所以我不用注意交通安全。请运用逻辑推理的分析方法，对该结论进行反驳。

（2）讲述某个重要问题时，尽量广泛地查阅资料，弄清理论界在这一问题上有哪些主要观点，自己倾向于哪一种，以便在讲述时有所侧重，也易于与他人的思路接轨。

（3）给下面的现象找找原因。

① 花木兰从军12年，别人为什么不能从她的耳孔和小脚中认出她是个女子？

② 马路上为什么用红灯表示停止、绿灯表示通行？

实训任务2　论证方法

论证方法是指论辩者根据论题的不同，以及所掌握的论据情况而确定的，在论辩中具体使用何种论据，采用哪种推理方式，从哪一方面展开论述的阶段性论证的整体结构形式。辩论中的论证方法主要有4种，即例证法、引证法、喻证法、反证法。

训练目标

掌握论证的基本方法，并能在辩论中熟练运用。

训练内容

1. 例证法

例证法是一种举例证明论点的方法，其特征是直接列举与所论的问题密切相关的事实，从正面证明己方论点。运用例证法应该注意几个问题。首先，要避免"有例无证"，即所举事例必须具有证明力，必须是与所要说明的问题密切相关的典型事实；其次，要避免"有例无论"，即列举了说服力很强的事例，还需要加以必要的论述，阐明例证与论点之间的关系；最后，要适当掌握所用例证的数量。

2. 引证法

引证法的主要特征是引用论辩双方均无异议的科学公理、法律条文、哲理名言、历史事实或者对方在论辩中使用的观点和论据，通过演绎推理，来证明己方的观点正确。引证法使用得当，便会具有不可动摇的证明力。使用引证法应注意所引用的理论性论据首先必须是论辩双方公认的；其次，必须与己方所要阐述的观点之间具有不相矛盾的内在联系。

3. 喻证法

喻证法也叫类比法，它是把本质上具有相同或相似之处的事物放在一起进行比较，在比较中，通过揭示已知的某一事物的某一属性，从而说明另一事物也具有某一属性的一种论证方法。这种论证方法是一边比喻,一边证明,通过一些寓言故事或打比方的方法,运用类比推理的逻辑手段,推出一个道理来,具有活泼生动的特点。

注:一些用例证法或引证法一时很难讲清楚的问题,可以用喻证法生动形象地使听众准确领悟。

4. 反证法

这是一种从反面论证己方观点的方法,其特征是首先提出要证明的正面论题,然后立出与所要证明的原论题相对立的反面论题,接着运用例证法、引证法、归谬法等方法证明这个反面论题是假的,即加以否定,从而根据形式逻辑的排中律,反面证明己方的原论题是正确的。

注:在自己的观点难以找到确实充分的证据来加以证明的时候,用反证法来论证,同样能取得说服别人的效果。

案例分析

德国女数学家爱米·诺德获得博士学位后还不能立即开课,因为她没有取得讲师资格,但她的才华得到从事广义相对论研究的希尔伯特教授的赏识。在一次教授会议上,一位教授说:"怎么能让女人当讲师呢?如果她做了讲师,以后就要成为教授,甚至进入大学评议会。难道能允许一个女人进入大学最高学术机构吗?"希尔伯特教授反驳道:"先生们,候选人的性别绝不应该成为反对她当讲师的理由,我请先生们注意:大学评议会,毕竟不是澡堂!"希尔伯特教授驳得对方哑口无言。

问题:请分析这里"大学评议会不是澡堂"用了什么论证方法,该方法有什么特点?
分析:

训练设计

限时3分钟反驳练习:请以现实中的具体事例反驳下列书本知识性论断。
(1) 男人比女人有力气。

(2) 开卷有益。

(3) 众人拾柴火焰高。

(4) 冬天比春天冷。

(5) 瑞雪兆丰年。

（6）计算机办公会提高效率。

实训任务3　进攻技巧

辩论交锋中，进攻是夺取胜利的主要手段，没有进攻就没有胜利。所谓辩论进攻，就是运用反驳方式，对准论敌要害进行诘问批驳，揭露对方命题的错误，征服对手，夺取胜利。

训练目标

掌握进攻技巧，并能在辩论中熟练运用。

训练内容

1. 先发制人

先发制人就是抢先一步，紧紧抓住主动权，占据场上的优势。先发制人，需要你思维敏捷，抓住机会，快速进攻，争夺到主动权。

要想先发制人，可以从以下三个方面下手。

（1）争取人心。得人心者胜，失人心者败。因此，先争取到人心就是先发制人。

（2）争夺定义权。好的定义有如一面旗帜，谁把它抢在手，谁就可以占据制高点，号令风云，给最终的胜利增加重重的砝码。

（3）先对辩题进行曲解。利用定义的优先权，先对辩题曲解，使已方有利。

注：先发制人首先要申明自己的观点，立场要坚定；其次，不要强词夺理。

2. 后发制人

在辩论中，当本方对对方的意图不甚了解，或出于战略考虑没有急于展开进攻，而对方自恃优势，锋芒毕露，咄咄逼人，此时，本方则从容迎战，先稳住阵脚，然后视战况发展，瞅准时机和突击点后发制人，充分施展攻击技巧，组织反攻，毕其功于一役，制服对手。这是一种先守后攻的战法，通常在敌强我弱的复杂态势下，看准了再打，一旦出手就打其痛处，往往能以弱击强，以劣胜优。

运用此法要把握以下几点。

（1）细察漏洞，抓住猛击。在辩论中，当对方气势汹汹，频频出击，以为得计时，本方应着力发现和捕捉对方立论或论据中的不实之处，一旦捕捉，便相机揭露之，置对方于困境。比如，在法庭辩论中，有时发现对方提出一些没有法律依据的论点，本方便可追问对方之法律依据，迫使对方缄口认输。

（2）借言反驳，请君入瓮。在辩论中，当对方恣意进攻、慷慨陈词时，本方应悉心倾听，捕捉其言辞中与己有利的内容，拿来为我所用，以便"以子之矛，攻子之盾"，进行反驳。这是一种"接过石头打人"的战法，十分讨巧而有力。

（3）仿照还击，巧封敌口。在辩论中，当论敌提出谬论进行狡辩时，我方可按照对方的思路和语言，仿造出一个相反且对方难以接受的观点相还击，在鲜明的对比之中，暴露对方的谬误,让对方有口难辩。

(4) 后亮底牌,断其退路。在辩论交锋中,有时摸准对方的心理弱点或顾忌,在最后时刻抛出制敌的底牌,给以轰击,对方必然改弦更张,低头认账。

3. 连续突击

在辩论中,当本方具有强大实力,足以制敌时,就可针对对方的命题,正面攻坚,以压倒敌人的气势和有力的反驳,连续突击,寸土必争,步步进逼,不使论敌喘息,连克敌阵,直至把对方征服。这种战法有很强的突击性和攻击力,在竞赛辩论的自由辩论阶段及司法辩论中经常派上用场。

4. 出奇制胜

在辩论中,出奇制胜就是要冲破人们习以为常的认识范围,打破因循守旧的思维习惯,给对方以突然袭击,取得辩论胜利的一种方法。其主要表现在出击时机的选择和把握上,在对方意料不到的时候,施以突然袭击,使得对方晕头转向,以取得最佳的辩论效果。

5. 釜底抽薪

刁钻的选择性提问,是许多辩手惯用的进攻招式之一。通常,这种提问是有预谋的,它能置人于"两难"境地,无论对方作哪种选择都于己不利。对付这种提问的一个具体技法是,从对方的选择性提问中,抽出一个预设选项进行强有力的反诘,从根本上挫败对方的锐气,这种技法就是釜底抽薪。

6. 迂回包抄

在辩论中,当正面进攻受阻,或预计到可能受阻时,就应采取迂回战术,即把进攻的出发点,选在对方难以察觉,或看似无关的话题上,兜个圈子,迂回前进,最终绕到正题,打击对方的核心阵地,一举歼之。

案例分析

在一架班机上,空姐正在面带微笑地为乘客提供服务。此时两个外国女郎态度十分傲慢骄横,对空姐的服务故意挑剔。她们对送给她们的可口可乐,还没有喝就说味道不正,其中一个女郎还把可口可乐泼在空姐的身上。空姐忍住愤怒,把可口可乐瓶子递给女郎叫她们看,然后说:"小姐,你说得很对,这'可口可乐'可能有问题。可是这'可口可乐'是贵国的原装产品,也许贵国这家公司的'可口可乐'都是有问题的。我很乐意效劳,将这瓶饮料连同你们的芳名及在贵国的地址一起寄到这家公司。我想他们肯定会登门道歉,并将此事在贵国的报纸上大加渲染的。"此言一出,两位女郎顿时目瞪口呆。她们大约知道事情闹大了,说不定这家公司会走上法庭,控告她们诋毁公司名誉,后果不堪设想。于是,她们再不敢对垒,转而赔礼道歉。

问题:请结合案例分析,空姐为什么会使两位女郎顿时目瞪口呆,对你有哪些启示?

分析:

训练设计

(1) 请小组成员听自己说一段话,让他们指出哪些地方有错误和漏洞,然后迅速予以补救。小组成员轮流进行。

(2) 小组成员分别讲述自己遇到的处于口语表达尴尬境地的情况,然后彼此交流一下自己如果处于这种境地应该如何应变。

(3) 看辩论会的录像,分析双方的表现,想想你若在场上将如何攻守,怎样才可以做到无懈可击,怎样才可以做到亡羊补牢,怎样才可以做到反守为攻。

实训任务4 防守技巧

在辩论中,进攻和防守是相对而言的。也就是说,进攻之中有防守,而防守之中也有进攻,防守只是针对进攻而言的。所谓防守,是指当己方遭受进攻时,以应答为主要手段,维护己方立论、巩固己方阵地的一种辩论战术形式。

训练目标

掌握防守技巧,并能在辩论中熟练运用。

训练内容

1. 积极防守、发挥优势、灵活机动

(1) 积极防守。辩论时防守者要能经受住打击,特别是在仓促防守的状态下,斗志不能垮,尤其是要克服消极防守的思想,要尽量用强者心态看待防守,把防守作战当成进攻的转化形式,采取得体而有力的措施,继续谋求论战的主动权。

(2) 发挥优势。处于防守状态时,尤其要注意发挥己方的优势,如己方立论的优势、论据的优势、地理环境优势、辩手搭配优势等。应凭借优势,在己方的优势上突破,顶住对方的攻势,固守防线。

(3) 灵活机动。辩论防守绝不能消极应战,死守阵地,而是要审时度势,机智灵活,积极创造条件,采取多种手段,与对手进行周旋。应不断变换战略战术,看准机会主动出击,彻底摆脱被动局面。如同踢足球,只有进攻才能得分,再出色的防守也只能防止对手进球,避免丢分,防守不会使己方取胜。因此,高明的辩论者,会把防守转化为进攻。

2. 大智若愚、主动防守

所谓大智若愚,就是指辩论者原本足智多谋,却装作自己很愚蠢,即智而示之以愚,能而示之不能,用这种手段来欺骗对手,争取主动,进而取得辩论胜利。凡是运用大智若愚方法取得辩论成功的,往往表现出一种更冷静的思考、更坚强的忍耐、更高超的辩论艺术。

3. 遇窘巧辩、智言周旋

在辩论中,人们经常会遇到被侮辱、诘难或出现严重失误的场面,遇到这种情况,就需要机智、迅速而幽默地对自己的观点加以维护和解释。针对具体问题,选择奇特的角度进行解释,既可以较好地论证自己的观点,又能揭去对方论题虚假的外衣,暴露其荒谬之处。

4. 刚柔相济、以逸待劳

在辩论时,语气和态度有时要刚:高昂激越,热血沸腾;有时要柔:态度平和,不急不躁。但更多的场合是柔中有刚,刚中有柔,刚柔相济。有时表面上语气和态度都比较和缓,而实质上表达的内容则有强硬的成分;有时表面上态度强硬,但其中又包含着委婉的说理,这就是刚柔相济法。运用刚柔相济法,往往可以取得出人意料的辩论效果。

5. 示假隐真、以虚制虚

辩论时可以运用掩盖真相或本意的语言技巧,让论敌产生错觉,使其无法看清我方的意图,从而达到有效防守、最终取胜的目的,这就是示假隐真。

6. 以谬对缪、反驳诡辩

有人说过,有辩论的地方就有诡辩的影子。诡辩者在理屈词穷之时,往往引用名言对自己的观点、论题进行证明,摆出自己与名人、与真理站在一起的架势,使对方措手不及。如何在辩论中应对诡辩呢?对方的诡辩逻辑如果是错误的,那么,不妨顺着这个错误的逻辑,将错就错,就地取材,重新构设一个诡辩进行反驳。这就是所谓的以谬对谬的方法。

案例分析

李四和张三在办公室里辩论。

李四问:"金钱和道德,你选择哪一个?"

张三不假思索地答:"当然选道德。难道你选金钱?"

李四说:"我是选择金钱,因为我缺少金钱。你选择道德,那是因为你缺少道德。"

张三听了李四的言语,反驳说:"你的话只讲对了一半,十分的道德,我已有九分,还缺少一分,所以我要选道德;万贯的家财,你已有九千贯,但你还缺少一千贯,所以你要选金钱。因此,准确地说,我选道德是因为我崇尚道德,你选金钱是因为你贪图金钱。"

问题:通过案例不难看出,张三重义,李四重利。然而,李四为了给张三脸上抹黑,通过一个以模糊语言为核心的诡辩来嘲讽张三。请分析张三用了什么方法进行应对。

分析:

训练设计

(1)"死里说活"练习。"死里说活"指的是绝路逢生的独创性语智。当然"说活"要有合乎逻辑的论证,并不是提倡诡辩。方法:出示辨析语题,每个语题包括两个部分,左边为"活",即合乎常情的说法;右边为"死",即似乎不合情理的说法。"静思"片刻后登台说,人人都当评委。

① 眼见为实——眼见未必为实。

② 水火不相容——水火可以相容。

③ 强将手下无弱兵——强将手下未必无弱兵。

④ 知足常乐——知足未必常乐。

⑤ 一分耕耘一分收获——一分耕耘未必一分收获。

⑥ 礼尚往来——礼尚不能往来。

⑦ 开卷有益——开卷未必有益。

⑧ 近朱者赤——近朱者未必赤。

说"活"的关键是换位思考法和多角度的审视：如"水火相容"，煤火中洒点水，火反而更旺。要对话题作些必要的限制，方可自圆其说，言之成理。

（2）以下辩题中每小组任选一个，进行辩论比赛并将结果填入团体评分表及个人评分表中。

发掘人才需要考试——发掘人才不需要考试
网络对大学生的影响利大于弊——网络对大学生的影响弊大于利
宽松式管理对大学生利大于弊——宽松式管理对大学生弊大于利
成大事者不拘小节——成大事者也拘小节
功夫不负有心人——功夫也负有心人
实行学分制利大于弊——实行学分制弊大于利
文凭能代表知识水平——文凭不能代表知识水平
在人生的道路上机遇更重要——在人生的道路上奋斗更重要
在校大学生创业利大于弊——在校大学生创业弊大于利
个性需要刻意追求——个性不需要刻意追求
行成于思——思成于行
美是客观存在——美是主观感受
青春需要修饰——青春不需要修饰
内在美能够代替外在美——内在美不能代替外在美
名人效应利大于弊——名人效应弊大于利
流行的一定是经典的——流行的不一定是经典的
经典必定来自流行——流行必定来自经典
外行能够管好内行——外行不可能管好内行
治愚比治贫更重要——治贫比治愚更重要
信用卡带来的利大于弊——信用卡带来的弊大于利
酒香不怕巷子深——酒香也怕巷子深
超前消费利大于弊——超前消费弊大于利
超前消费比适时消费好——适时消费比超前消费好
文明社会需要理性消费——文明社会不需要理性消费
生态危机高于经济危机——经济危机高于生态危机
网络购物利大于弊——网络购物弊大于利
带薪休假利大于弊——带薪休假弊大于利
人性本善——人性本恶
钱是万恶之源——钱不是万恶之源
仁者无敌——勇者无敌
吃亏是福——吃亏不是福
交朋友应多多益善——交朋友应少而精
爱是无私的——爱是自私的
男人不好女人不爱——男人不坏女人不爱

爱情使人趋于理想——爱情使人趋于实际

真爱只有一次——真爱不止一次

爱情比事业重要——事业比爱情重要

应该班门弄斧——不应该班门弄斧

辩题：_____。

团体评分表（见表8-1）和个人评分表（见表8-2）如下。

表8-1 团体评分表

辩论队	审题20分	论证20分	辩驳20分	配合20分	辩风20分	总　分
正方						
反方						

表8-2 个人评分表

	辩手姓名	仪表20分	论证40分	辩风40分	总　分
正方					
	辩手姓名	仪表20分	论证40分	辩风40分	总　分
反方					

评委姓名：_____

第 9 章 求职面试口才训练

本章实训安排

模块1　求职面试口才准备训练　　　　　　　　　　　1学时
　　实训任务1　心理准备训练
　　实训任务2　资料准备训练
模块2　求职面试口才表达礼仪训练　　　　　　　　　1学时
模块3　求职面试口才技巧训练　　　　　　　　　　　2学时
　　实训任务1　基本要领训练
　　实训任务2　常见题型训练
总计：　　　　　　　　　　　　　　　　　　　　　　4学时

模块1　求职面试口才准备训练

常言道："不打无准备之仗。"求职面试犹如领兵上阵，盲目出击、麻痹大意必然招致失败，只有精心准备、知己知彼方能取得胜利。因此，对求职者来说，准备工作显得尤为重要。

实训任务1　心理准备训练

训练目标

（1）掌握面试心理准备的训练方法。
（2）对照自身情况，找出不足之处。

训练内容

1. 知己

（1）了解自己。其主要包括：个人的兴趣、爱好、特长；个人的优点和缺点；个人最喜欢做的事和最不喜欢做的事；专业成绩如何；历年来获奖或取得成就的情况；应用了什么技能才获得这些成绩；参加过哪些社会活动并取得什么样的成绩；最喜欢的社会活动；人际交往的情况；没做成的事情以及原因。

(2) 重塑自己。在了解自己的基础上,在求职面试之前对招聘单位最欢迎什么样的人有一个初步的了解。

2. 知彼

(1) 了解就业形势。求职者在求职前必须了解本地区的就业情况以及职业市场的发展趋势,同时还要进一步对各个行业作深入的了解和比较。

(2) 了解用人单位。求职者必须对用人单位做深入的了解和研究,不仅要掌握基本的资料,还要知道一些准确和深入的资料,如工作环境、单位负责人的情况、薪酬分配情况、员工的满意度、报酬福利等。

(3) 了解工作性质和内容。每一位求职者必须在事前对所求的工作做一番了解。

3. 心理状态调节训练

(1) 充分的自信心。自信是实力的表现。求职者有信心才会有热情和勇气,才会拿出百倍的精神去面对困难,克服困难。

(2) 有竞争意识。求职者要有主动竞争的意识,主动出击,以积极的心态去争取机会。

(3) 一颗平常心。求职者一定要保持一颗平常心,正确对待得失,要看到"这棵树"以外还有"一大片森林"。

案例分析

一位教师带领学生前往一家集团公司应聘,总经理是该教师的大学同学。工作人员为每位学生倒水。席间有位女生表示自己只喝红茶。学生们在有空调的大会议室里坐着,大多坦然接受服务,没有半分客气。当老总办完事情回来后,不断向学生表示歉意,然而没有人应声。当工作人员送来笔记本,老总亲自双手递送时,学生们大都伸着手随意接过,没有起身也没有致谢。从头到尾只有一个同学起身双手接过工作人员递过来的茶和老总递来的笔记本并客气地说了声:"谢谢,您辛苦了。"

最后,只有这位同学收到了这家公司的录用通知。有同学很疑惑甚至不服:"他的成绩并没有我好,凭什么让他去而不让我去?"教师叹气说:"我给你们创造了机会,是你们自己失去了!"

问题:请结合案例分析这些学生失去机会的原因。

分析:_____

_____

_____

训练设计

(1) 每一位求职者很有必要在事前对所应聘的工作做一番了解,具体应了解哪些内容?

(2) 北京高校毕业生就业指导中心曾对150多家国有大中型企事业单位、民营企业及高新技术企业、三资企业的人力资源部门进行了问卷调查。调查结果显示,以下8种特质最受用人单位的青睐；在最短时间内认同企业文化；对企业忠诚,有团队归属感；个人综合素质好；有敬业精神和职业素质；有专业技术能力；沟通能力强,有亲和力；有团队精神和协作能力；带着激情工作。请你结合训练内容谈谈为何具备以上 8 种特质的人最受用人单位的青睐。

实训任务 2　资料准备训练

求得一份工作,要注意的环节很多,其中包括简历和资料的准备。

训练目标

(1) 了解简历的内容。
(2) 掌握制作简历的方法。

训练内容

1. 制作简历
(1) 实事求是,突出诚信品质。
(2) 细致周到,亮出个性特长。
(3) 定位准确,显出缜密思路。
(4) 文从字顺,秀出基本功底。
(5) 新颖醒目,透出睿智慧心。

2. 相关资料和物件的准备
(1) 简历的复印件。
(2) 学历证书、学位证书、所获奖励文件的正件和复印件。
(3) 推荐信。
(4) 招聘广告、用人单位的相关资料。
(5) 事先罗列出你的问题,以备有机会发问时提出。
(6) 发表过的文章、写过的报告及计划书等,尤其是与申请的职位有直接关系的。
(7) 一寸和两寸的照片若干张。
(8) 身份证。
(9) 一本小笔记本和两支钢笔(水笔)。
(10) 现金。

案例分析

"第一次求职就成功了,很多人都觉得我很幸运,当然主要得益于自己'诚信的简历'。"同样是应届毕业生,小徐算是最早找到工作的一批了。

面试在下午 4 点,肚子比较饿,别人都在紧张地走来走去,小徐却拿出巧克力来吃,并在旁边闭目养神。轮到她面试了,那天她和面试官除了讲到她在国内核心期刊发表的论文、自己大学期间的成绩,更多的是讲到了她喜欢的巧克力,讲到了崇拜的歌星,讲到了她在上海电视台参与拍摄的短剧……这些经历足够让面试官了解她是一个兴趣广泛、精力充沛、热爱生活的人。

由于专业不是会计,而是经济学,她在简历上明确写出了自己没有在会计事务所工作或实习的经历,本来这是个劣势,面试官却认为她具备了一个会计师需要的品德:诚实……在她离开的时候,她拿到了面试官递过来的录取通知书,这样她成功了。

问题:(1)结合案例谈谈简历的重要性。

分析:_____

(2)制作简历时要注意哪些内容?

分析:_____

训练设计

(1)制作两份不同样式且适合自己的简历。

(2)假如你是一位将要到某酒店应聘大堂经理的毕业生,请设计一份简短的自我介绍。分组演练,小组成员分别扮演应聘者和招聘主管,模拟训练后总结得失。

模块2　求职面试口才表达礼仪训练

训练目标

(1)了解面试前需要掌握的表达礼仪内容。
(2)掌握面试前表达礼仪训练的方法。

训练内容

1. 提前到达

一定要提前赶到面试地点,一般来说提前10~15分钟为宜(提前半个小时以上也会被视为没有时间观念)。

2. 轻敲门、慢关门

听到喊自己名字时,回答"是"或"到",要清脆响亮。进入面试房间前要敲门,一般以两三下为宜。如果门是关着的,要以里面听得见的力度敲门,待听到"请进"要回答"打扰了"方可开门进去;如果门是开着的,也要先轻轻地敲两三下门,在获得同意之后,再进入房间。

进入房间后,不要随手关门,要转过身去正对着门,用手轻轻将门合上。

3. 学会等待、适时问好

合上门后,回过身将上半身前倾30°左右,向面试官鞠躬行礼,面带微笑称呼一声"老师好",然后报上自己的名字。如果事先从接待人员那里知道了面试官的姓名和职务,可在问好时礼貌称呼,有助于拉近求职者和面试官的距离。

4. 聆听

想要给面试官留下好的印象,一定要表现出认真聆听的样子,并适时以"是""对""我想是的"等作为回应。

5. 谈吐

面试应答时要表现得从容镇定,不慌不忙,温文尔雅,有问必答。求职者除了回答面试官的提问外,有时为了及时了解有关情况,还应学会适时提问或询问。时间一般在面试基本结束的时候,问题要提得委婉得体,不唐突、不莽撞,不要引起面试官的反感。

6. 面试结束要有礼貌

面试官示意面试结束时,应微笑、起立、握手道别,并拿好自己的随身物品,走到门旁先打开门,转过身来有礼貌地鞠躬行礼,再次表示感谢和道别后,转身轻轻退出房间,再轻轻将门关上。

7. 离开考场不忘风度

走出面试房间后,在走廊及其他用人单位以内,仍要保持安静、礼貌。遇到工作人员或接待人员,要主动点头致谢,并道别。

案例分析

【案例1】 汪莉在应聘武汉某科技公司高级文秘的最后一轮面试中,遇到一名口若悬河的"演讲家"考官。刚开始,汪莉觉得很轻松,边听边点头,但慢慢她发现主考官越讲越兴奋,根本不给自己发挥的机会,于是索性就采用"以静制动"的应对方法,在主考官表达出现卡壳的时候,进行适当的提示,并尽量让自己融入他的"演讲"中,不断点头、微笑……"演讲"结束时,面试也跟着结束,汪莉当场被录取。

问题:结合案例说说面试中汪莉成功的关键是什么?

分析:

【案例2】 某公司招聘,5名彼此难分高低的应聘者经过面试入围。这5人均非等闲之辈,每个人都具备学历、才干,而公司的名额却只有一个。人事部一时没了主意,于是决定召开一个专门会议,打算商量之后再做出决断。

难题拿到会上,出现了冷场。这5人旗鼓相当,实在难分伯仲。与会者面面相觑,谁也拿不准究竟哪个是最佳人选。

就在此时,秘书小姐推门而入:"上午参加面试的曹先生打来电话向各位致谢,他在电话中说'面试时承蒙各位指教,特致谢意。'"秘书小姐话音刚落,会议室的气氛顿时活跃起来,"就是他!"大家异口同声地说。其中一位感慨道:"现在的生活节奏这么快,真是难得有人会主动打电话致谢。"

问题：结合案例说说 5 名彼此难分高低的应聘者之一的曹先生在面试结束后取得胜利的关键是什么。

分析：_____

_____

_____

训练设计

（1）组织一次模拟面试，在每个环节设置若干评委进行打分，并写出意见和建议。

（2）模拟表演以下背景的情景剧，展开合理想象，设计人物性格，展现求职面试口才。

用人单位为了招聘到合适的人才，在招聘过程中使用各种招数。某家企业招聘推销员，来了许多应聘者。然而，企业人事经理和大家刚见面便说："对不起，电梯坏了。"于是，一部分人不慌不忙地待在一楼等修理电梯，另外一部分人拾级而上。可是，该企业位于第 32 楼，的确太难爬了，一些人半途而废，只有少数应聘者从一楼走到 32 楼。

（3）吴涛好不容易才通过了用人单位的几道招聘程序。几道关下来，他还算比较顺利，最后一关是与用人单位领导面谈。面谈中，尽管领导曾当场提示他："不要着急，放松些。"但他急于求成，竟没有注意，经常是领导的话还没有说完，就表示懂得领导要表达的意思，并按照自己的理解做了回答。谈话结束了，吴涛回到学校等这个单位的消息。可是，过了预定的日期，他没有收到任何消息，他这才觉得自己在应聘中出了问题。

模拟上述情景，并谈谈吴涛的问题出在哪儿。

模块 3　求职面试口才技巧训练

简历能够初步反映求职者的基本情况，而面试更能够直观、全面、深入地评判求职者的综合素质。面试官会关注求职者发言过程中的态度、语言表现力、发言的内容，从中得到一个整体印象，然后进行综合判断。因此，求职者除了加强口语表达能力，还应该事先了解一些常见题型，掌握一些面试的技巧，并有意识地进行面试预演，以便在面试中能够顺利过关。

实训任务 1　基本要领训练

训练目标

（1）掌握面试的基本要领。

（2）掌握面试的基本技巧。

训练内容

1. 正确运用语言

面试回答问题时要做到口齿清楚、语言流畅、语调恰当、音量适中。

在交谈时,要注意吐字清晰,发音准确,说话干脆利落,喉部要放松,减少尖音,要适当控制说话的速度,以免磕磕绊绊,注意抑扬顿挫。

2. 沉着冷静、理性分析

求职者要冷静地将消极情绪以减缓的方式控制下来,可凭借机械性的方法作自控,如咬紧嘴唇、手捏肌体等,从而达到冷静自己情绪的目的。然后理性分析面试官提出的问题,作出尽可能准确的回答。

3. 以诚为本,有自知之明

面试中,遇到自己不知、不懂、不会的问题时,闪烁其词、沉默不语、牵强附会、不懂装懂的做法均不足取。

4. 听清问题,有的放矢

面试中,如果没有听清面试官提出的问题,或者难于理解对方问题的含义时,可请对方将问题重复一遍,并先谈自己对这一问题的理解,请教对方以确认内容。

5. 讲究技巧,简洁明了

(1) 直接回答。

(2) 智巧回答。

(3) 巧妙反对。

案例分析

阿智大学毕业时,在宣传广告栏的一张海报上看到一则招聘销售主管的广告,率性不羁的他马上决定去一试锋芒。

他首先制作了一份个人简历,简历中他称自己已大学本科毕业,品学兼优,且在大学阶段已有一段丰富的工作经验。做好简历后,他用计算机将自己满意的一张照片进行加工,将照片的背景变为扑克牌中的红桃 A,这样,英俊的他就置身于一片"红桃"之中。他又在照片底部写上:"我将是您手中的一张好牌。"这一切都做好了,他便用扫描仪把这份简历和照片扫到他的个人主页中,传送到那家公司的电子信箱内,同时他又将介绍信和照片通过邮局寄到公司。

一天之后,阿智来到公司人事部。参加面试的似乎只有他一个人,他很奇怪。考官问了他一些问题,他很轻松地对答如流。最后,考官叫他写点东西,他想到刚才在办公楼外见到的一些现象:员工们的自行车、摩托车乱放;门卫迎接客人时懒洋洋的,一句招呼也不打;走道上灰尘很多……他下笔有神,很快就写出一篇"管理公关之我见"。

很快,他就被考官请到了总经理办公室。总经理很随意地和他聊起天来。他说:"知道为什么今天就你一个人来面试吗?"他摇摇头:"我们最先收到你的个人资料,你可能是唯一通过 E-mail 发送个人简历的应聘者!"他恍然大悟。"你的照片背景为什么不是王牌,却是一张红桃 A 呢?"总经理问,阿智镇定地站着,胸有成竹地说:"你们的招聘广告上不是写着'招纳贤士,共创大业'吗？我不想做王,只希望为老总你横刀立马,冲锋陷阵,共创大业！"

3天后,阿智收到了熠熠闪光的聘书,成为销售主管。

问题：(1)"我只当一张红桃A"体现了阿智什么样的求职理念？

分析：_____

_____

_____

问题：(2)为什么该理念得到了招聘单位的欣赏和录用？

分析：_____

_____

_____

训练设计

(1) 求职面试应对中常见的错误如下。

① 弄虚作假、无中生有。

② 抢答插话、滔滔不绝。

③ 沉默寡言、唯唯诺诺。

④ 喜好争辩、强词夺理。

⑤ 抬高自己、贬低他人。

⑥ 与面试官"套近乎"。

⑦ 煽情诉苦、博取同情。

⑧ 主动打探薪酬福利。

⑨ 不注重面试礼仪。

请全班分成若干小组,分别扮演各自的角色来模拟以上情景,并谈谈在面试口才中如何克服此类问题。

(2) 在一次求职面试中,一家企业的招聘者问一位女大学生："国外一家企业的代理人携巨款来我市寻找适宜的投资对象,你作为我市某中型企业的法人代表,请问你将采用什么步骤赢得这笔投资？"这位女大学生略作思考,然后答道："首先,我需要了解对方详细的背景材料,例如,该公司的经营方针、项目、实力、已有业绩,当然也包括这位代表人的个人材料,最重要的是此次来中国的计划；其次,代理人来后,我应当与对方预约见面时间和地点,比如可以通过电话,或是有关机构及个人联系；再次,与代理人商谈时我应当使用他的母语,以增加熟识感和亲切感；最后,这次行动不一定会成功,但是我要尽我的所能给对方留下深刻而良好的形象,以期为下次合作打下基础。"虽然这位女大学生的回答不尽圆满,但招聘单位录取了她。

请模拟上述情景,并分析这位女大学生求职成功的口才技巧。

实训任务 2　常见题型训练

面试题型万变不离其宗,总是围绕求职者的工作能力以及对这份工作的态度而展开。另外,通过回答,也能够在一定程度上反映出求职者的其他能力和素质,比如语言表达能力、沟通交际能力、思考判断力以及自信、诚信、细心等素质。以下归纳了一些面试中的常见题型,求职者有必要事先对这些问题做一番准备。

训练目标

(1) 了解面试的常见题型。
(2) 掌握面试常见题型的回答。

训练内容

1. 人际交往和沟通能力的考察

(1) 自我介绍。自我介绍的内容包括专业知识水平、最突出的技能、个性气质、做过的成功事例、主要的成就等。因此,求职者在自我介绍时一定要"投其所好",紧扣应聘的工作而展开,有事例、有展开,时间大概控制在 3 分钟左右。
(2) 善于和哪些人相处? 通过这个问题,面试官能够大概了解到你的沟通能力、交际能力,从而大致推断你是否适合所招聘的职位。
(3) 你平时的约会多吗?
(4) 你有没有领导团队完成某项任务的经验?

2. 潜力的考察

(1) 就你申请的这个职位,你认为自己还缺乏什么能力?
(2) 你是否参加或组织过富有创意的活动,该活动的创新点在哪里?
(3) 你有没有面临过一些左右为难的场面或问题? 你是如何处置的?
(4) 你希望公司以后给你提供哪些方面的培训?
(5) 你自己适合干什么?
(6) 假如让你来当我们公司的经理(或其他职务),首先你会做哪几件事?

3. 品格考察

(1) 你有什么优/缺点? 你最大的优/缺点是什么?
(2) 你有什么爱好?
(3) 说说你的家庭。
(4) 你和其他求职者有什么不同?
(5) 你对工资待遇有什么要求?
(6) 你的学历并不符合我们的要求,恐怕不适合来应聘这个职位吧。

4. 积极性考察

(1) 为什么想来我们公司? 你为什么辞职?
(2) 你对琐碎的工作是喜欢还是讨厌?
(3) 你怎样看待日常加班,如何看待超负荷运转的工作方式?

（4）如果公司给你的工资没有达到你简历里的要求，你还来我们公司吗？

案例分析

一家公司准备聘用一名公关部部长。经过笔试后，只剩8名应试者等待面试，对主考官的提问作答的时间限定每人在2分钟内。当每位应试者进入考场时，主考官问的是同一句话："请把大衣放好，在我面前坐下。"然而，在面试的房间中，除了主考官使用的一张桌子和一把椅子外别无他物。有两名应试者听到考官的话，不知所措，另有两名急得流泪，还有一名听到提问后脱下自己的大衣，搁在主考官的桌子上，然后说了句话："还有什么问题？"结果这5名应试者全部被淘汰了。

在剩下的3名应试者中，一名应试者听到主考官发问后，先是一愣，随即脱下大衣，往右手上一搭，鞠躬致礼，并轻声询问："这里没有椅子，我可以站着回答您的问题吗？"公司对这位应试者的评语是："有一定的应变能力，但创新、开拓不足。彬彬有礼，能适应严格的管理制度，可用于财务和秘书部门。"另一名应试者听到问题后马上回答说："既然没有椅子，就不用坐了，谢谢您的关心，我愿听候下一个问题。"公司对此人的评语是："守中略有攻，可先培养用于对内，然后再对外。"最后一位应试者听到主考官的发问后，他的反应是眼睛一眨，随即出门去，把等候时坐过的椅子搬进来，放在主考官侧面1米处，然后脱下自己的大衣。对主考官施礼，说了声"谢谢"，便退出考场房间，把门轻轻关上。公司对此人的评语是："不说一词而巧妙地回答了考题，富于开拓精神，加上笔试成绩俱佳，可以录用为公关部部长。"

问题：（1）那5名考生为什么会直接被淘汰？

分析：_____

_____

（2）结合案例讨论求职者在面试时应该如何以良好的口才赢得面试官的青睐。

分析：_____

_____

训练设计

（1）模拟面试，在面试提问这一环节设置若干问题，请老师担当面试官，进行打分和评议。

（2）全班分为若干小组，每组5~7人，分别扮演不同的角色，模拟面试场景，将面试前的准备、面试过程和面试后的内容整合到一起。通过仔细揣摩模拟场景，能够熟练掌握求职口才。

第10章 推销与谈判口才训练

✦ 本章实训安排

模块1	推销口才技巧训练	3学时
	实训任务1 推销口才训练的基本原则	0.5学时
	实训任务2 推销口才中陈述技巧训练	1学时
	实训任务3 推销口才中提问技巧训练	0.5学时
	实训任务4 推销口才异议处理技巧训练	1学时
模块2	谈判口才技巧训练	2学时
	实训任务1 谈判中倾听技巧训练	0.5学时
实训任务2	谈判中提问技巧训练	0.5学时
	实训任务3 谈判中应答技巧训练	1学时
总学时：		5学时

模块1 推销口才技巧训练

将顾客看作自己的朋友，想方设法让服务用语做到贴心、自然、令人愉悦，这是推销语言使用的基本出发点。推销员应该认识到自己说的每一句话都代表企业，都是对顾客的承诺。好的推销员既能够将企业的诚信和产品的信誉用语言完美地表达出来，又能令顾客感到舒服、满足。

实训任务1 推销口才训练的基本原则

训练目标

(1) 掌握推销口才训练的基本原则。
(2) 对照自身情况，找出不足之处。

训练内容

1. 讲诚信

古人经商，常云"诚招天下客，誉从信中来。"为了达到销售目标，就口若悬河、夸夸其谈，这是对消费者的欺骗、对企业的背叛、对自己的不负责任。

这样不讲诚信的"推销口才"即使能给推销员带来短期利益,也会失去个人诚信,无法建立长期稳定的客户关系,是饮鸩止渴的愚蠢表现。

2. 广博的知识基础

在推销的过程中,谁都不知道下一位顾客会是什么样的人,兴趣爱好在哪方面,职业社会背景怎么样。所以,推销员更应该触类旁通,不断地积累各方面知识,形成既广又深的知识结构,做到不需要任何准备,都能够得心应手地谈论任何一个客户感兴趣的话题,巧妙地引导客户关注所推销的产品和自己服务的企业。

3. 有效的形体语言配合

以丰富的形体语言表述自己的心情和态度,以勤补拙,这是大多数普通人都应该注意锻炼的地方。形体语言包括面部表情和肢体语言,运用得好,是对口头语言表达的有力补充。

4. 以顾客为中心

设身处地为对方着想,急顾客之所需,主动说明顾客购买某种东西所带来的好处。对这些好处做详细、生动、准确的描述,才是引导顾客购买商品的关键。"如果是我,为什么要买这个东西呢?"采用这样的换位思考,就能达成顾客所期望的目标,满足顾客的需要。

5. 学会恰当的"停顿"

所谓停顿,就是要求推销员不要一味地"说",而要适时地停下来倾听顾客的想法和诉求。"三分说,七分听",这是人际交谈的基本原则——倾听原则在推销语言中的运用。在推销商品时,既要"观其色",还要"察其言"。除了观察对方的表情和态度外,还要虚心倾听对方的议论,洞察对方的真正意图和打算。要找出双方的共同点,表示理解对方的观点,并要扮演比较恰当、适中的角色,向顾客推销商品。

6. 注意禁忌语

在营销口才的运用时,一定要注意一些禁忌语,即忌争辩、忌质问、忌命令、忌炫耀、忌直白、忌批评、忌专业术语、忌独白、忌冷淡、忌生硬、忌负面表达。

案例分析

2009年11月,美国总统奥巴马正式访问中国前夕,郑州市一所大学的老师向学生布置了这样一道作业题:奥巴马来访,请推销给奥巴马2两茶叶。同学们一看这道题就傻了,想到奥巴马不喝茶,也不可能和普通的中国大学生联系,怎么可能完成这项作业呢?

在这些学生中,有一名同学想要试试看。他想奥巴马要来中国的话,一定会先了解中国文化,而茶文化是中国文化的重要组成部分。于是,这名同学撰写了茶叶在中国文化的历史和文化脉络,以及茶叶的详细资料等。同时,他还介绍了炮制茶叶的紫砂壶、茶杯、茶具等,甚至将所有信息制作成MTV,更加直观、全面地展现了中国的茶文化。最后,将所有的研究成果发送给美国驻华大使馆、美国白宫、美国五角大楼、中国驻美大使馆、美国一些新闻媒体等,还包括奥巴马夫人米歇尔办公室的电子信箱。

几个月过去了,这名同学不知道发了多少封电子邮件,也不知道打了多少个电话,始终没有任何消息和回音。眼看着奥巴马访华的日期一天天临近,他开始找寻新的推销方式。他听说奥巴马有个同父异母的弟弟叫马克·恩德桑乔,就居住在中国的深圳,开了家烧烤店。这家烧烤店生意很好,招待客人的时候需要很多茶叶。这个学生一下子就想到了奥巴马来访时说不定会去看望他弟弟,不如把茶叶推销给他弟弟。他弟弟说不定会把茶叶作为中国特色的礼物送给哥哥。这不就是曲线推销嘛?

于是,这名同学开始通过各种方式联系上在中国开烧烤店的奥巴马的弟弟。奥巴马的弟弟听了这位大学生的一番讲解,不禁连连夸赞他想得周到,说他想出了一个好主意。最后,奥巴马的弟弟邀请这位大学生来深圳的烧烤店里做客,以讲解更多的茶叶知识,并订了200斤茶叶。

全班同学最终只有这名同学完成了作业。

问题:结合案例分析这名同学推销成功的原因。

分析:_____

_____

_____

训练设计

(1) 对镜子进行表情管理训练。

(2) 情景模拟训练。

某服饰营销人员想接近一位大商场的采购经理,多次被拒绝,原因是该商场多年来主要经营另一家公司的服饰,认为没有必要改变固有的合作关系。营销人员在一次推销访问时,先递上一张便笺,上面写着:"您可否给我10分钟的时间就一个业务问题提一点建议?"采购经理感到新奇,请这位营销人员进他的办公室坐下。营销人员一开始就拿出一些新式领带,请采购员鉴赏,要求他为这种产品报一个公平的价格。采购经理仔细地检查了每一条领带,然后作出认真的答复。营销人员又进行了一番讲解。眼看10分钟就要到了,营销人员便拎起包要走。然而,采购经理留住了推销员开始洽谈,最终成交,按照推销员的报价(低于采购经理的报价)订购了一大批货。

形式:在每组中推选2名同学上台,分别扮演营销人员和采购经理。

要求:小组其他成员分析该营销人员成功的原因;每个人为这段表演重新撰写剧本,设计营销人员和采购经理的具体对话。

实训任务2 推销口才中陈述技巧训练

训练目标

(1) 掌握推销口才陈述技巧。

(2) 对照自身情况,找出不足之处。

训练内容

1. 根据不同的商品特点来陈述

消费者在购买产品时,有些人是因为商品的某一个优势或者该商品正在搞促销,所以进行了冲动购买;还有些人是为了满足自己的某种需求,对可能满足要求的各种品牌的商品进行广泛的信息收集,对比它们的厂家、使用方法、网友的购后评价等,然后才进行计划性购买;还有人总会抓准时机在商品过季、滞销时期进行购买。无论出于哪种原因,作为营销人员都应该根据不同商品的特点进行陈述、宣传商品。

2. 根据消费者不同的固有心理来陈述

固有心理是由人们的年龄、性别、职业、阶层、民族等确定的稳定的心理特征,如年轻人追求新、奇、特,老年人怀旧、保守,女性更愿意购买性价比高的商品,男性则喜欢直接购买。作为营销人员要能够做到针对不同的固有心理展开商品陈述,这样才能够顺利地沟通。否则,若是当着老年人一味地夸奖产品的新潮,当着年轻人却说产品质量好、结实又实用,营销人员就会把消费者赶走的。

3. 根据不同的消费者瞬间心理来陈述

人们虽然会因为固有心理产生购买行为,但是同样都是女性也会在面对相同商品时作出买和不买的两种决定。这是为什么呢?其原因就来自消费者的瞬间心理,也就是人们会根据具体的时间、空间、人事等因素产生即时的瞬间心理。这种心理会令消费者突然改变原有的购买决策,那么营销人员在做营销陈述的时候可以采取以下策略来把握消费者的这一心理。

(1) 提醒法。提醒顾客注意某个时间、事情,如:"您看这是一件儿童智力玩具,今天是儿童节,为什么不给您的孩子买一件呢?"

(2) 介绍法。直截了当地表述产品的最大特色,如:"这是我们四川的特色,既然来成都了,不带一件回家给亲人朋友实在太可惜了。"

(3) 分析法。站在顾客角度分析商品的特点,如:"您是属于梨形身材的职业女性,购买这样的铅笔裙更适合您,显瘦又高贵。"

(4) 鼓动法。适时地抓住消费者好奇的心理,说些鼓励购买的话,如:"机不可失,时不再来啊,今天大促销,再不买就卖没了。"

案例分析

北京第一家黑暗餐厅——巨鲸肚的推销人员正在进行推销陈述:"天黑请闭眼、够胆你就来。在这里用餐,您将体验全程在伸手不见五指的黑暗中用餐,感受另一个奇妙的新的世界。"

顾客进入黑暗餐区需要佩戴夜视镜,由特殊培训的侍应生引导,经由特殊设计的单行线盲道进入黑暗餐区,所有发光物品不得带入。人们依靠触觉、嗅觉、味觉和听觉来体验独特的进食过程,听黑暗剧——毛骨悚然的恐怖故事或闭着眼睛任凭思绪飘扬在一场生死绝恋的爱情悲剧中……

问题:结合案例分析这家餐厅的推销员的推销陈述利用了顾客哪些心理。

分析:

训练设计

情景模拟训练：教师准备几样产品，小组抽签进行推销陈述训练。

形式：在每组中推选两名同学上台，分别扮演推销人员和顾客。

要求：小组其他成员分析该推销人员推销陈述的成功点和不足之处；每个人为这段表演重新撰写剧本，设计推销人员和顾客的具体对话。

实训任务3　推销口才中提问技巧训练

训练目标

（1）掌握推销口才提问技巧。

（2）对照自身情况，找出不足之处。

训练内容

1. 简单明确式提问

向顾客提出的问题应该简单、明确，使对方一听就能明白，便于回答。但是要注意每次提的问题不宜过多，不然会令顾客产生紧张、厌烦的情绪或者记不住所提的问题。

如豆浆机的推销员对顾客说："您早餐大概也和许多人一样，不是喝牛奶就是喝豆浆吧。""可是不管是买鲜奶还是奶粉，买豆浆还是豆粉，质量、口感都会令您担心的。""您看，如果您拥有了一台豆浆机就可以自己做豆浆。以后您每天早上就可以喝到自制的豆浆、花生浆，总之想喝什么就做什么，而且浓度自选。""要不，您来试着操作一下，特别方便的。"

以上对话使用简单、明确的开场白，自然得体地将谈话导入推销主题，提出问题并引起顾客的购买兴趣。

2. 针对式提问

这是一种目的性很强的提问技巧，针对顾客的爱好，对顾客关心的问题进行引导。每一个问题的出现都不是无缘无故的，都是为了逐渐深入，转向洽谈的问题。例如，一位推销员打听到某企业正在寻找一种反应速度更快的试剂，于是就前去推销，以针对性的提问开场："听说您公司正在寻找反应速度更快的试剂？"得到肯定答复之后，该推销员就顺势把要推销的反应速度比一般试剂快两倍的试剂进行推销。

3. 封闭式提问

在一个问题中提示两个可供选择的答案，两个答案都是肯定的。

这样的提问方式在生活中常常可以见到。在饭店里，招待员不会问"您要点些什么？"而是问"您是喝咖啡还是茶？"在超市里，面对参与免费品尝的顾客，精明的售货员问："您觉得好吃吧！那您是来小包装还是大包装的？"甚至在民政局的婚姻登记处，工作人员会对前来登记的年轻人说，"这是你们的结婚证，祝你们幸福。看看这里是用来装结婚证书的盒子，是要25元的、50元的、还是100元最精美的款式？"其实，结婚证是可以不用放在盒子里的。

4. 启发性提问

这是一种声东击西、欲擒故纵、先虚后实、借古喻今的提问方法，以启发顾客对某个问题的思考并说出推销员想得到的回答。

例如，一个顾客要买帽子，营业员问："请问买质量好的还是差一点的呢？""当然是买质量好的！""好货不便宜，便宜无好货。这也是……"

5. 连续肯定式提问

这是指推销员在提问时力求所提问题便于顾客用赞同的口吻来回答，也就是说，推销员让顾客对其推销说明中所提出的一系列问题，连续地回答"是"。然后，等到要求签订单时，已造成有利的情况，好让顾客再作一次肯定答复。

例如，推销员要寻求客源，事先未打招呼就打电话给新顾客，可以说："很乐意和您谈一次，提高贵公司和营业额对您一定很重要，是不是？"一般情况，对方都会给予肯定的答复。接着，推销员就可以说："好，我想向您推荐在××晚报上刊登广告，这将有助于提高贵公司在本地的声誉，对不对？""好的声誉就会带来好的效益，你同意这个道理吧？"……这样让顾客一路"是"到底。

6. 诱发好奇心式提问

诱发好奇心式提问就是在最开始见面时就直接向可能顾客说明情况或提出问题，故意讲一些能够激发他们好奇心的话，将他们的思想引到你可能为他提供的好处上。

例如，一个信用卡推销员想要见一位公司老总，准备洽谈他们企业办理信用卡的事宜。老总听说他的来意后便拒绝见他。回来后，这位推销员想出了一个办法，他开始每天给这位老总写信，信的内容只有一句话"您能否告诉我如何创业，如何获得成功呢？"之后的所有信件的内容几乎都是关于个人创业、人生思考方面的讨论和请教，以及对老总当初由一名穷小子艰苦创业成为知名企业家的仰慕。一个月后，这位老总主动约见了这个推销员。

7. 刺猬效应式提问

在各种促进买卖成交的提问中，"刺猬"技巧是很有效的一种。"刺猬"反应的特点就是你用一个问题来回答顾客提出的问题。你用自己的问题来控制你和顾客的洽谈，把谈话引向销售程序的下一步。例如，顾客："这项保险中有没有现金价值？"推销员："您很看重保险单是否具有现金价值的问题吗？"顾客："绝对不是。我只是不想为现金价值支付任何额外的金额。"对于这个顾客，若一味向他推销现金价值，你就会把自己推到河里并一沉到底。这个人不想为现金价值付钱，因为他不想把现金价值当成一桩利益。这时你该向他解释现金价值这个名词的含义，提高他在这方面的认识。

🔍 案例分析

一位营业员在向顾客推销电视机，说："这台电视机售价仅3000元，寿命却长达1万小时，核算一下，每看1小时电视才花3角钱。现在的休闲方式除了电视就是电影了。可是看电影一场几十元，每个小时得花二三十元。比较一下，在家看这样的电视真是便宜得多啊！更何况使用电视机非常方便。"

问题：结合案例分析这位营业员使用了什么提问技巧。

分析：_____

训练设计

找一件你熟悉的产品，搜集资料，针对不同类型的顾客，以提问的方式设计你的推销开场白。

要求：至少选择 3 类不同客户进行针对性设计。

实训任务 4　推销口才异议处理技巧训练

训练目标

（1）掌握推销口才异议处理技巧。
（2）对照自身情况，找出不足之处。

训练内容

1. 反驳处理法

反驳处理法也叫直接否定法，是营销人员以比较明显的事实和理由直接否定客户异议的方法。尽管在营销活动中，营销人员应时刻注意保持良好的推销洽谈气氛，但是，当客户对产品产生误解、成见或提出的异议明显不成立时，营销人员应给予直接、明确的否定回答，同时向客户及时传递正确信息以增大说服力度。

例如，在某小区售楼处，客户向楼房销售人员提出："这个小区房子的公摊面积占比看起来比其他小区都要大。"销售人员回答："您大概有所误解，我向您推荐的这几款户型的公摊面积占比为17.1%，而本市同类型小区房屋的平均公摊面积占比为19%。"

2. "但是"处理法

"但是"处理法又叫间接处理法，是推销人员根据有关事实和理由来间接否定客户异议的方法。这种方法首先对客户提出的异议表示理解或简单复述客户的异议，而后用"但是""然而"等转折连词表达出反对的理由。比较适用于因为客户的偏见、信息不完全而产生的异议。尤其是对于武断、自尊心强的客户更为有效。

例如，某小区售楼处，客户向楼房销售人员提出："这个小区房子的公摊面积占比看起来比其他小区都要大。"推销人员回答："确实，本小区房屋的平均公摊面积占比为19.1%，比本市住宅平均公摊19%高了0.1个百分点，但是，您却能享受双电梯设计带来的保障。另外，本小区房屋墙体非常厚，抗震性能、保温性能非常好。而且我向您推荐的这几套房源的户型设计非常合理，全部面积都能够有效使用。那么，公摊面积大那么一点点，也是物有所值的。"

3. "利用"处理法

"利用"处理法又叫转化处理法，是推销人员直接利用客户异议中有利于推销成功的因素,将其转化为自己观点的一部分来消除客户异议。这是一种非常有效的处理客户异议的方法。

例如,一位客户向某家药品生产企业的销售代表抱怨:"你们的销售制度为什么那么死板?不如其他企业灵活,这会影响你们产品的销售的!"销售代表回答:"我们企业对产品销售制度和制度执行的管理确实非常严格,因为我们的药品是通过质量创品牌,而不是靠销量创品牌。作为一个制药企业,严谨的制度和强大的制度执行力是生产出好药的保障,是对商家、对患者负责任的做法,您说呢?"

在案例中,客户认为企业销售制度死板、不灵活,对商品销售不利。推销员认可了制度死板的客观事实,然后将这个异议转化为对推销有利的方面:制药企业严谨的制度是做好药的保障,是最负责任的表现。这使客户转变了在这一关键问题上的看法。

4. 补偿处理法

补偿处理法也叫平衡处理法、抵销处理法,是指推销人员承认客户异议的客观存在,利用异议以外的优惠来抵消异议所指问题带给客户的损失。任何产品都不可能十全十美,很多客户提出的异议是确实存在的。这种情况下,推销人员没有必要回避、掩饰,而是开诚布公地向客户证实其产品确有不足之处,但是优点大于缺点。相信客户也不会苛刻地要求产品毫无瑕疵才会购买。这是一个可以普遍使用的方法。

5. 询问处理法

询问处理法也叫反问处理法、追问处理法,是指推销人员通过对客户异议提出疑问来化解异议的方法。在实际推销过程中,客户提出的异议各种各样都有,有的客户异议就是为拒绝推销而故意设置的,或者客户提出异议的真实原因与异议的表象不同,还有的客户甚至自己也不清楚异议的确切原因。客户异议诸多不确定性为推销人员排除异议增加了难度,有时很难快速、准确判断出客户异议的性质和动机。在这种的情况下,推销人员可以对客户的异议进行询问,通过提问可以促使客户认真思考异议的真正根源,使推销人员获得更多的信息。而那些没有依据的无效异议,经过推销人员的一系列提问,客户自己就会得出异议不成立的结论。

面对客户的异议,推销人员带有请教口气的询问会让客户感到受尊重,比较乐于配合。通过询问,推销人员可以有针对性地进行主动引导,从而获得更多关于异议的信息,找出异议的根源。比较适用于动机不明确或虚假异议。

在询问过程中,推销人员要注意说话的语气、手势、与客户距离等,不要给客户造成一种被迫回答的压迫感。当客户提出异议后,及时进行询问,问题要紧紧围绕异议展开。在询问过程中要注意客户的情绪变化,客户不愿意讲并且不构成成交障碍的异议,就不要继续追问。

案例分析

在一家电器卖场,一位客户提出:"现在许多商场都在搞活动,价格方面都有一定幅度的折扣,你们卖得贵了。"推销人员回答:"与其他商家的活动价格相比,我们的价格确实不低。在没有接到总部通知之前,我们不能擅自降价。我们商场的售后服务质量是有口皆碑的,相信这也是您选择我们商场的原因。如果今天您能购买我们的产品,我们商场将为您所购买的产品延保一年,并且在未来一周内如果有价格方面的折扣,我们将向您返还差价,您看怎么样?"

问题:结合案例分析这位营业员使用了什么异议处理技巧。

分析:_____

训练设计

情景模拟训练:

1972年,DHC由现任总裁吉田嘉明一人创业。经过30多年的努力,现已成为跨化妆品、医药保健食品、翻译出版、美容院、水疗多个领域的综合性企业,并取得了引人注目的业绩。1983年,DHC成立化妆品事业部,其纯橄情焕采精华油备受青睐。1995年,会员月刊《橄榄俱乐部》创刊。1999年,美容沙龙"花之屋"开幕,DHC产品在日本全国便利店开始销售。

人物设计:营业员玲玲,为妻子购买化妆品作生日礼物的魏先生,营销系大学生韩松,学表演的徐飞飞(韩松的女朋友)。

情况1:男人买化妆品?别人看起来觉得奇怪,但玲玲已经见多不怪了,能给妻子买化妆品的男人才是真正的好男人。问题是站在众多年轻女孩中间的这位魏先生好像很不自在,欲走还留,欲言又止的样子,看得玲玲直想笑。这时,她决定主动上前问问个究竟。

情况2:学表演的徐飞飞很崇拜DHC的代言人,追星自然要用和明星一样的化妆品啊!可是,男朋友韩松是个"愤青",坚决抵制日货。在店门口,他们就为这件事情吵了起来,徐飞飞说"爱我就给我进来",然后丢下韩松自己走到了柜台前。韩松生气地跟了进来,想要和她论理,说服她换个牌子。

要求:

(1)各小组的成员根据分配到的角色,进行场景和对话设计,进行顾客异议处理技巧训练。

(2)各小组设计时间为20分钟,表演时间为每小组10~15分钟(或任课老师安排)。

(3)当一个小组进行表演时,其他小组做评委。

模块2 谈判口才技巧训练

谈判有广义和狭义之分。广义的谈判包含的内容非常多,例如,生活中在市场上的讨价还价也是谈判。狭义的谈判是指当人们对某一问题或者某一项活动产生分歧和矛盾时,需要分歧双方就各自的观点展开陈述,彼此之间进行不断的妥协和让步,最终使分歧和矛盾得到解决、达成一致的活动。

实训任务1 谈判中倾听技巧训练

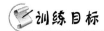

掌握谈判中倾听技巧。

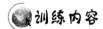

1. 专心致志，集中精力

有效倾听的基础是谈判者的专心和全身心投入。这也是良好沟通的关键。我们很难想象一个通宵加班的人拖着疲惫的身体，哈欠连天地坐在我们对面和我们谈判，他肯定"听不进去"我们所说的话。我们也不愿意见到一个刚刚在谈判会议开始前被自己的领导批评、带着消极情绪的谈判对手，我们在论述观点时，他一定还在委屈和不满的情绪中难以自拔。所以，无论是身体上还是心理上的任何因素，只要影响到了我们的集中度，就不会出现好的"倾听"的状态。我们只有抱着积极的态度去听、去理解，倾听才会比较容易成功。在"听"的时候，我们可以专注于对方的表情变化，可以适时微笑或点头，可以偶尔否定或摇头，或者配合以肢体语言。一名谈判人员，应该具备耐心倾听的能力，这也是个人良好修养的表现。

2. 做好书面笔记

在谈判过程中，人的思维在高速运转，大脑接受和处理大量的信息，加上谈判现场紧张的氛围，只依靠记忆来完成对所有信息的存储是不可能的，所以，谈判人员要养成记笔记的习惯。这样做的好处是：第一，可以帮助自己记忆和回忆，有时间充分地分析对方的发言，理解对方的意图；第二，可以便于自己在对方发言结束后就某些关键问题向对方提出疑问；第三，在倾听时做笔记也是对对方的一种尊重和鼓励。

3. 有鉴别地倾听对方的发言

谈判时，对方的发言并不一定全部是重点，有时甚至会故意隐藏一些真实想法。所以，谈判人员要能够综合地判断出真正有价值的部分。

4. 克服先入为主的做法

先入为主的倾听往往会主观带入一种观点或者想法，扭曲对方的本意，忽视或者拒绝与自己相悖的意见。这种不站在对方的立场出发来分析发言者讲话内容的做法，会导致"倾听"到不真实的信息，进而在自己谈判策略上作出错误判断。所以，谈判者必须要加以克服。

5. 安静耐心地倾听

谈判人员在倾听时，一定要避免在对方没有讲完话就急于打断并开始反驳。这样的表现往往会影响谈判的最终结果。因为，在未了解对方谈话的全部内容之前就急于反驳，不仅会显得自己的浅薄、没礼貌，还会由于自己掌握的对方信息不足而无法准确有力地反驳对方。当然，没有安静耐心地倾听，也会影响对方的谈判情绪，不利于创造良好的谈判氛围。

案例分析

"美国汽车推销之王"乔·吉拉德有过一次记忆深刻的体验。一次,某位名人来向他买车,吉拉德推荐了一款最好的车型给他。那人对车也很满意,眼看就要成交了,对方却突然变卦而去。吉拉德为此事懊恼了一下午,百思不得其解。到了晚上11点他终于忍不住打电话给那人:"您好!我是乔·吉拉德,今天下午我曾经向您介绍一款新车,眼看您就要买下,却突然走了。这是为什么呢?"

"你真的想知道吗?"

"是的!"

"实话实说吧,小伙子,今天下午你根本没有用心听我说话。就在签字购车之前,我提到我的儿子吉米即将进入密执安大学读医科,我还提到他的学科成绩、运动能力以及他将来的抱负,我以他为荣,但是你却毫无反应。"

问题:结合案例分析乔·吉拉德犯了什么错?谈判中应如何倾听?

分析:_____

训练设计

情景模拟训练:角色扮演谈判甲方和乙方,就某一个产品的销售事宜进行谈判,背景信息可以自由设计,要求展现洽谈双方就价格等一揽子事宜的磋商过程,要求展现出卖方和买方恰当的话术技巧。

实训任务2 谈判中提问技巧训练

训练目标

掌握谈判中提问技巧。

训练内容

1. 明确提问的内容

在谈判中,想要得到对方明确的回答,首先应该先明确自己要什么。在明确提问内容上值得注意的问题如下。

(1)用词准确、简练,以避免产生歧义,造成不必要的误解。

(2)一次只提问一个方面的问题,避免对方避重就轻地回答或者遗漏重要信息。

(3)提问时要注意措辞,表现出谦和有礼,不让对方生厌。

(4)提问之前要做好充分的准备,要清楚自己要问什么,对方可能有哪些反应,这样提问是否能达到目的等。

(5)提问的内容要有价值,不要什么都问,要有的放矢地提问。

2. 把握最佳的提问时机

谈判的时机对谈判的效果至关重要。过早地进行提问,可能抓不住重点或者显得咄咄逼人;错过提问时机,则可能在谈判中变得比较被动。

(1)提问的时机要把握好,既不能太早,也不能太晚。通常情况下,可以选择在对方发言结束后提问、在对方发言停顿和间歇时提问、在议程规定的辩论时间提问、在己方发言前提问。

(2)适当的时候,我们可以将一个已经发生,并且答案已经知道的问题提出来,验证一下对方的诚实程度,及其处理事务的态度。同时,这样做也可以给对方一个暗示,即我们对整个交易的行情是了解的,有助于进行下一步的合作决策。

3. 提问的方式

从不同的角度提问,能够引起对方不同的反应,也能够得到不同的回答,所以,在谈判中要根据自己的需要选择不同的提问方式。

(1)封闭式提问:在特定的领域中能带出特定答复(如"是"或"否")的问句,可以令提问者获得肯定的资料,而答复的人并不需要太多的思考时间。

(2)澄清式提问:针对对方的答复,重新提出问题以使对方进一步澄清或补充其之前答复的问句,可以确保谈判各方能在叙述"同一语言"的基础上进行沟通,而且是针对对方的话语进行信息反馈的有效方法。

(3)强调式提问:在提问时强调自己的观点和立场。

(4)探索式提问:针对对方答复,要求引申或举例说明,以便探索新问题、找出新方法的提问方式,可以进一步发掘较为充分的信息,显示提问者对对方答复的重视。

(5)借助式提问:是一种借助第三者(通常是对方熟悉的、十分尊重的人)意见来影响或改变对方意见的提问方式。

(6)强迫选择式提问:将己方的意见抛给对方,让对方在一个规定的范围内进行选择回答。通常在己方比较有谈判优势时使用,需注意提问时的语调、措辞,不然就会造成"强加于人"的不良印象。

(7)多层次式提问:提出含有多个主题的问句,也就是一个问句中包含多项内容。

(8)诱导式提问:意在抛砖引玉,对对方的答案给予强烈的暗示,使对方的回答符合己方预测的目的。

(9)协商式提问:指为使对方同意自己的观点,采用商量的口吻向对方提问,要求提问时语气平和,保证对方能够接受。

4. 提问的注意事项

(1)提问要适度,达到目的即可,不要咄咄逼人。

(2)要尽可能地站在对方的立场上提问,不要仅仅围绕自己的谈判目的与对方沟通。

(3)提问时的态度一定要足够的礼貌和自信,不要鲁莽,也不要畏首畏尾。

(4)在谈判中一般不应提出带有敌意、关于个人私生活、评价对方品质和信誉方面的、个人禁忌等问题。

案例分析

(1) 你根本没有想出一个主意来,你凭什么认为你能提出一个切实可行的方案呢?
(2) 你对这个问题还有什么意见?(例行公事)
(3) 不知各位对此有何高见?请发表!

问题:以上三个提问,请你修改一下,让提问的效果更好。
分析:_____

训练设计

情景模拟训练:小王是××大型国企的业务部经理,负责××品牌塑料产品的销售工作。2020年3月,公司准备从日本引进一条塑料编织袋生产线,与日方谈判的任务落在了小王的身上。小王的首要任务是要先和日方代表达成口头购买协议。

问题:在谈判开始之前,小王需要做哪些准备工作?
形式:在每组中推选两名同学上台,分别扮演小王和日方代表。另外,推选5名同学充当评委,选出优胜的组别。
要求:模拟小王与日方进行洽谈口头协议的过程,以达成口头购买协议为最终结果。

实训任务3 谈判中应答技巧训练

训练目标

掌握谈判中应答技巧。

训练内容

1. 早做准备,以逸待劳

在谈判前,预先假设一些难度较大的问题进行研究,制订详细的应答策略,一旦谈判中出现这类问题,马上可以做出答还是不答或怎样答的反应。

2. 模糊问题不轻易回答

对没有弄清对方真正含义的模糊问题,不要轻易回答。可采用证实性提问,让对方重复或证实;或要求其引申、补充,或要求其举例说明,直到弄清其确切含义,再作相应回答。比如,对方提出:"如果……您将怎么办?"这时,不要轻率地回答我怎么办或不怎么办,最好的回答是:"在我回答这个问题之前,我想知道这种条件下的所有事实。"

3. 难以回答的问题拖延应答

对难以回答的问题,可采用拖延应答的方法。例如:"对不起,我还不大明白您的意思。请您再说一遍好吗?"当对方重述时,或许你已想好了应答办法。

4. 犯忌或底牌问题回避应答

对有些犯忌或事关底牌的问题,想回避它,可以采取迂回隐含的应答方法。例如,一个西方记者说:"请问,中国人民银行有多少资金?"周恩来委婉地回答:"中国人民银行的货币资金嘛,有18元8角8分。"当他看到众人不解的样子,又解释说:"中国人民银行发行的面额为10元、5元、2元、1元、5角、2角、1角、5分、2分、1分的10种主辅人民币,合计为18元8角8分……"该记者的提问别有用心,或者要嘲笑中国穷,或者要刺探中国的经济情报。周总理的避重就轻,恰好体现了机智过人的幽默风度,又回击了对方的无礼。

案例分析

汤姆是凯鲁克公司的一名资深职员,多年来勤恳工作,但一直未获晋升。最近经济形势不太好,有传闻说公司即将裁员。今天上午公司总裁史密斯先生突然召汤姆面谈。汤姆心中忐忑不安,觉得凶多吉少,难道是通知自己解雇的消息?

走进史密斯先生高大宽敞的办公室,汤姆不由得呼吸短促起来,史密斯先生示意他在一张扶手椅中坐下。史密斯先生首先开口:"汤姆,你在本公司已任职多年了吧。"

"是的,先生。"

"那么你认为本公司近来表现如何?"

"我想——我想公司目前也许遇上了麻烦,但总会渡过难关的。"

"你在本公司最有价值的经历是什么?"

"这个……这个……"汤姆一时不知如何作答。

"呵,汤姆,你今年快到45岁了吧。"

"是的,先生,我还可以为公司服务多年。"

"你和同事们相处得很好吧。"

"是的,当然,我们都是老同事了……"

"平时还去桥牌俱乐部吗?"

"怎么?您知道……您也喜欢打桥牌吗?"

"偶尔玩玩,汤姆,你是否听到传闻,本公司即将裁员?"

"下面有些风声——不过,总裁先生,这不会是真的吧?"汤姆的声音有些颤抖,扶手椅中的身体更加僵硬了,两只手神经质地紧紧抓住椅子扶手。

"汤姆,今天就谈到这儿吧,再见。"

"再见,先生。"

汤姆沉重的脚步声远去了。史密斯先生想:"本来想提拔他任业务经理,现在看来他未必适合做管理工作,不过这倒是一名忠心耿耿的职员,还是让他在目前的岗位上一直干下去吧。"

问题:你认为汤姆在面谈时出于哪些原因表现的不够理想?具体体现在哪些地方?

分析:_____

训练设计

在本模块实训任务 2 中的情景训练中,小王与日方达成口头购买协议之后,利用一周的时间收集了大量资料,准备开始正式的谈判。请模拟正式谈判的场景,小王要记录自己在采购商品过程中与日方代表展开的谈判过程。其他未参与模拟表演的同学,要分析小王及日方代表分别采用了哪些谈判口才技巧。

总结篇

第 11 章　实训成果分享
第 12 章　实训总结

第11章 实训成果分享

本章实训安排

模块1　自拟题目演讲训练　　　　课外
模块2　演讲比赛及考核　　　　　4学时
总学时：　　　　　　　　　　　4学时

模块1　自拟题目演讲训练

训练目标

以组为单位,小组成员每人自拟题目,准备演讲稿,进行演讲训练,为演讲比赛及考核充足准备。小组成员互为演讲者和观众,互相鼓励,共同提高。

训练内容

(1) 学生以组为单位根据所学内容结合自身情况自拟一个演讲题目,自己设计演讲稿。

(2) 演讲题目以自己亲身经历过的话题为优。

(3) 演讲者需要用正常速度完成5分钟脱稿演讲。

(4) 小组自寻场地进行训练,一名学生作为演讲者,其他同学当观众,演讲者演讲结束,观众进行点评,指出不足并鼓励演讲者,增强其信心。以此类推。

训练记录

根据训练内容填写训练记录表(见表11-1)。

表11-1　训练记录表

训练次数	训练时间	训练时长	本次训练中存在的问题	本次指导要点
第1次				
第2次				
第3次				
第4次				

模块 2　演讲比赛及考核

训练目标

- 抽签决定演讲者出场次序(也可以学号为顺序)来进行演讲比赛及考核。

演讲评分标准

演讲评分标准见表 11-2。

表 11-2　演讲评分标准

考核项目	评 分 标 准	分值	总计	得分
演讲内容及过程	演讲准备充分	5	40	
	观点正确、内容完整、论证充分	10		
	讲解准确、无错误	10		
	吸引力强、能够引起听者兴趣	10		
	开场及结束言简意赅、有开端、有总结	5		
表达能力	发音正确、吐字清晰、讲解自然、语速适中	5	25	
	逻辑性强、表达有层次、有条理	8		
	语言表达流畅、无忘词、重复现象	7		
	抑扬顿挫、节奏感强、有吸引力	5		
态势仪表	上、下台步伐稳健、目视前方、表情自然庄重、无小动作	5	20	
	自然站立、抬头挺胸、精神状态饱满、面带微笑、目光覆盖全场、与听众有交流	5		
	着装、气质符合身份	5		
	不佩戴过多的首饰、不过分化妆、面部干净、头发符合正规、严肃场合的要求	5		
整体效果	有亲和力、能调动听众的情绪	5	10	
	比较好的临场应变能力	5		
时间掌控	限时 5 分钟	5	5	
总　分				

训练题目

演讲题目：_____

演讲内容：_____

第 12 章 实训总结

训练目标

根据此次实训感受完成实训报告。

训练内容

结合实训过程完成实训报告,要求内容翔实,写出真实感受,报告字数不少于 1500 字。

【实训总结】

参 考 文 献

[1] 谢伯端. 实用演讲与口才教程[M]. 武汉：华中科技大学出版社,2007.
[2] 易书波. 精彩演讲特训营[M]. 北京：北京大学出版社,2007.
[3] 马克·韦斯卡普. 九步成为演讲高手[M]. 陈志强,侯梦蕊,译. 北京：北京师范大学出版社,2007.
[4] 王黎云. 演讲与口才[M]. 杭州：浙江大学出版社,2004.
[5] 仫华. 最新实用口才训练教程：跟我学：演讲与口才[M]. 北京：中国经济出版社,2013.
[6] 刘立祥. 演讲艺术论[M]. 西安：陕西人民出版社,1994.
[7] 邵守义. 演讲学教程[M]. 北京：高等教育出版社,1993.
[8] 谢伦灿. 即兴说话技巧大全[M].2版. 北京：石油工业出版社,2006.
[9] 袁方. 最新实用口才训练教程：跟我学：辩论口才[M]. 北京：中国经济出版社,2006.
[10] 江佐浩. 中外奇辩精粹[M]. 北京：石油工业出版社,2004.
[11] 王政挺. 攻心为上：说服对方的金点[M]. 北京：中央编译出版社,2003.
[12] 李元授. 辩论学[M].2版. 武汉：华中科技大学出版社,2004.
[13] 陈翰武. 中外大学生辩论词名篇赏析[M]. 武汉：武汉大学出版社,2006.
[14] 包镭. 演讲与口才技能实训教程[M]. 北京：北京大学出版社,2007.
[15] 彭红. 交际口才与礼仪[M]. 上海：华东师范大学出版社,2007.
[16] 应天常. 口才训练术[M]. 上海：上海文艺出版社,2004.
[17] 翟杰. 口才是练出来的[M]. 北京：新华出版社,2006.
[18] 郭策,郭宏威. 十八招赢定面试[M]. 沈阳：辽宁人民出版社,2007.
[19] 刘芳,李宏. 大学生口才应用学[M]. 沈阳：东北大学出版社,2006.
[20] 王文贵. 轻松面试[M]. 郑州：河南人民出版社,2000.
[21] 张先勇. 当场打动主考官：求职面试的128个成功法则[M]. 北京：石油工业出版社,2005.
[22] 关欢,付小平. 面试：求职成功的第一步[M]. 北京：外文出版社,2002.
[23] 韩达. 求职面试一点通[M]. 呼和浩特：内蒙古人民出版社,1999.